Hab' Mut zur Lockerheit!

Klaus Pfeffer

Hab' Mut zur Lockerheit!
Vom Glück des Glaubens

Mit Karikaturen von
Thomas Plaßmann

adson ℱ *fecit*
2016

ISBN 978-3-9816594-1-2

Lektorat: Sandra Volmer, Dortmund
Satz und Layout: Studio Wegener, Essen
Umschlaggestaltung unter Verwendung einer Zeichnung
von Thomas Plaßmann: Frank Wegener, Essen
Gesetzt aus der Garamond Pro und Frutiger
Druck: Multiprint, Kostinbrod, BG

Verlag adson fecit Dr. Gregor Meder, Essen
www.adson-fecit.de

| Inhalt

Zur Einführung

Täglich unterbrechen die öffentlich-rechtlichen Radiosender ihr gewohntes Programm: Plötzlich reden Kirchenleute. Drei bis vier Minuten erzählen sie von ihrem Glauben und davon, was er bedeutet. Die Hörenden hat gerade der Radiowecker aus dem Schlaf gerissen, sie sind bei der Morgentoilette, frühstücken, blättern in ihrer Zeitung oder sitzen im Auto auf dem Weg zur Arbeit. In wenigen Augenblicken treffen sie eine Entscheidung: Weghören und abschalten – oder hinhören und dranbleiben.

Alles hängt davon ab, wie und was der Sprecher im Radio redet. Berührt es jemanden? Treffen die Worte mitten ins Leben hinein? Sind sie von Bedeutung? Oder schweben sie über die Hörenden hinweg? Handeln sie von Welten, die fern des Lebens der Menschen sind?

Seit vielen Jahren erlebe ich die Herausforderung als Autor und Sprecher von Verkündigungssendungen im Westdeutschen Rundfunk. Durch den Kontakt mit Hörenden, aber auch mit Verantwortlichen im WDR habe ich gelernt, dass alles darauf ankommt, meinen christlichen Glauben mit dem alltäglichen Leben zu verbinden. Es geht darum, eine in früheren Zeiten tabuisierte Frage ehrlich zu beantworten: Was „bringt" der Glaube? Welche Antworten, Hilfen und Impulse bietet er, um mit den Konflikten, Ängsten, Unsicherheiten und Zweifeln des Lebens umzugehen?

Meine Beiträge in „Kirche im WDR" sind daher aus vielen inneren Auseinandersetzungen entstanden. In den Texten spiegeln sich Lebenserfahrungen wider, meine sehr persönlichen, aber auch die von Menschen, die mir begegnet sind. Es sind Lebenserfahrungen, die ich in Verbindung mit meinen christlichen Überzeugungen reflektiert und meditiert habe. Von daher sind sie auch Zeugnisse meines ganz persönlichen Glaubens.

Jesus hat davon gesprochen, dass das Reich Gottes mitten unter uns Menschen, mitten in dieser Welt zu erfahren ist. Es ist keine Wirklichkeit fernab unseres täglichen Lebens. Gott zeigt sich mitten im Alltag. Und er ist in mir und in jedem Menschen zu entdecken. Jede noch so schwierige

Erfahrung, die wir im Leben machen, trägt eine Botschaft Gottes in sich – mal herausfordernd, mal unterstützend! Unser oft unsicheres und schwierig erscheinendes Leben ist getragen von Gott und steht unter seiner guten Begleitung. Das macht vieles leichter und erträglicher, und es schenkt eine gewisse Gelassenheit – „Lockerheit", wie jüngere Menschen heute gerne sagen.

Mich berühren immer wieder die Rückmeldungen, die ich von Menschen bekomme, die meine Beiträge hören. Es gibt kaum ein schöneres Kompliment, als wenn jemand für seine eigene Lebenssituation einen hilfreichen Impuls aus meinen Gedanken mitnehmen kann: „Es war, als hätten Sie mitten in meinen Alltag hinein gesprochen", sagte mir mal jemand.

Das Echo der Radiohörerschaft ermutigt mich, eine größere Auswahl meiner Texte in einem Buch zugänglich zu machen. Herzlich danke ich Dr. Gregor Meder, der die Idee zu diesem Werk hatte und die Realisierung ermöglichen konnte. Mein Dank gilt auch der Lektorin Sandra Volmer, die die Texte aus den Radioversionen für die Schriftlegung leicht überarbeitete. Eine besondere Ehre ist es für mich, dass Thomas Plaßmann mit seinen Karikaturen eine wunderbare Ergänzung zu den Texten beigesteuert hat.

So wünsche ich allen Leserinnen und Lesern, dass sie in den Texten Ermutigung für das eigene Leben finden – und sich vielleicht immer wieder selbst auf die Suche machen, um in den täglichen Erfahrungen Gottes Wirken zu entdecken.

Essen, im März 2016
Klaus Pfeffer

Was „bringt" es, ein Christ zu sein?

In Kirchenkreisen wird viel geklagt. Alles scheint schwieriger zu werden. Die Menschen laufen den Kirchen in Scharen davon; und diejenigen, die bleiben, gehören meist den älteren Generationen an. In Diskussionen innerhalb meiner Kirche wird da gerne nach Rezepten und Maßnahmen gesucht, um „die Leute" wieder für Kirche und Glauben zu gewinnen. Provozierend frage ich dann manchmal, warum denn eigentlich „die Leute" zur Kirche kommen sollten. Oder noch schärfer: Was „bringt" denn der christliche Glaube? Was haben Menschen für ihr konkretes Leben davon, wenn sie sich der Kirche anschließen? Die Reaktionen sind immer wieder verblüffend: Schweigen – allenfalls ein hilfloses Stottern. Ja, äh, das ist doch wichtig, dass braucht man doch …

Es gibt offensichtlich unter Kirchenchristen eine regelrechte Sprachlosigkeit, wenn es darum geht, die Bedeutung des eigenen Glaubens in Worte zu fassen. Vielleicht liegt das auch daran, dass in volkskirchlichen Zeiten der Glaube wie selbstverständlich tradiert wurde – ohne sich intensiv und persönlich damit auseinandersetzen zu müssen. „Man" wurde einfach Christ – Eltern, Angehörige, Bekannte, das soziale Umfeld entschieden darüber. Heute ist das anders: Wer Christ wird, muss zunehmend selbst eine Entscheidung aus innerer Überzeugung treffen.

Darum ist es so wichtig, dass wir Christen uns selbst darüber Rechenschaft ablegen, was der christliche Glaube uns bedeutet, wie wir ihn in unserem Leben übersetzen, welche Kräfte wir aus ihm schöpfen. Die folgenden Beiträge erzählen davon, was der Glaube „bringen" kann: Gedanken und Geschichten aus dem Glaubensleben.

| Wer glaubt, wird selig?

„Macht Glaube glücklich?" – Das ist eine provozierende Frage, die eine junge Theologin vor einiger Zeit in einem Buchtitel formulierte. Schnell will mir als gläubiger Christ die Antwort über die Lippen kommen: „Klar, macht Glaube glücklich, jedenfalls sollte er das doch eigentlich ..."

Natürlich, eigentlich sollte er „glücklich" machen – eigentlich. Aber macht mich mein Glaube wirklich glücklich? Ich bin mir nicht sicher. Es gibt in meinem Leben viel zu viel, was mich unzufrieden sein lässt. Ich weiß also nicht, ob ich mich „glücklich" nennen kann.

Und wenn ich mich umschaue unter meinen Mit-Christen, dann habe ich den Eindruck, dass es ihnen nicht viel anders geht, im Gegenteil. In kirchlichen Kreisen begegnen mir erschreckend viele Menschen, die unglücklich wirken. Sie sind frustriert von Streitereien in ihren Gemeinden, von Enttäuschungen mit der Kirche. Sie leiden unter Macht- und Konkurrenzkämpfen, die es unter Gläubigen genauso gibt wie beim Rest der Welt; manchmal, so scheint es mir, sogar noch viel ausgeprägter.

Unglücklich sind viele auch, weil der Glaube in ihrem Leben nicht hält, was sie sich von ihm versprechen. Sie finden keine innere Ruhe und Ausgeglichenheit in der Hetze ihres alltäglichen Lebens. Sie schaffen es nicht, die Ideale ihrer Religion zu leben und leiden an ihrer eigenen Unzulänglichkeit. Und nicht zuletzt verzweifeln manche Menschen, weil das Leid des Lebens auch vor Gläubigen nicht haltmacht.

Es gibt Gläubige, die werden das heftig bestreiten. Sie behaupten, glücklich zu sein, weil sie ja den „richtigen" Glauben haben. Aber es fällt mir schwer, ihrem Glück zu trauen, wenn ihre Worte so schnell die schwierigen Fragen des Lebens übergehen. So einfach ist das Leben nicht, dass der Glaube an Gott alle Fragen beantworten und alle Probleme lösen könnte.

In meiner Jugend bin ich gerne nach Taizé gefahren. Noch heute schätze ich die ökumenische Gemeinschaft in dem kleinen französischen Dorf, die der verstorbene Roger Schutz so berühmt gemacht hat. Die Gebetszeiten mit ihren eingängigen, zu Herzen gehenden Gesängen faszinierten mich. Auch heute üben sie eine ungebrochene Anziehungskraft auf junge Menschen aus und prägen viele Gottesdienste, Kirchen- und

11

Weltjugendtage. Als Jugendlicher geriet ich geradezu in einen spirituellen Schwebezustand, so sehr berührten mich die Gesänge, das Gemeinschafts-erleben und die Ausstrahlung der Mönche. Es war ein Glücksgefühl.

Aber das Glück ließ sich nicht in den Alltag hinüberretten. So war es nicht möglich, Taizé-Gottesdienste in der Heimatgemeinde zu kopieren; die Erlebnisse in Frankreich geschahen in einer Sonderwelt. CD's mit den schönen Gesängen halfen zwar, die Erinnerungen wachzuhalten und per-sönliche Gebetsmomente zu schaffen, aber das war einfach kein Vergleich zu dem Ursprungserlebnis.

In Studentenjahren entdeckte ich das Schweigen in Exerzitien. Die Stille und die Achtsamkeit für innere Regungen, die Zeit für das Nach-denken über geistliche Texte und Bibelworte ließen mich eine ganz andere Weise des geistlichen Glücks entdecken. Es waren Kraftquellen für den Alltag. Nur: Auch dieses Glück war nicht von Dauer. Der Alltag holte mich immer wieder ein. Schließlich gibt es genügend schwierige Erfah-rungen, die sich durch stille Zeiten und Gebete nicht so einfach beheben lassen.

„Es ist eine Illusion zu meinen, dass der Glaube zu einem ruhigen und gelassenen Leben führt", so sagte mir in späteren Jahren mal ein geistlicher Lehrer. Keine einfache Erkenntnis, denn in vielen Büchern aus der Le-benshilfe-Literatur wird anderes behauptet. „Nein", erklärte dieser Lehrer, „das Leben ist viel zu kompliziert und konflikthaft, um es so einfach in den Griff zu bekommen."

Bis heute ist mir diese Erkenntnis ein großer Gewinn: Das „Glück", ein ruhiges, gelassenes Leben zu führen, Konflikte und Probleme zu be-wältigen, von Leid verschont zu bleiben oder es zumindest nicht so belas-tend zu erleben – ein solches „Glück" gibt es gar nicht. Das entlastet: Mein Glaube ist gar nicht zu gering, wenn mir das Leben nicht so leicht von der Hand geht. Und es gibt auch keine religiösen Techniken oder Gebetsfor-men, die mich vor dem Leben mit all seinen Licht- und Schattenseiten bewahren könnten.

„Die Absicht, dass der Mensch ‚glücklich‘ sei, ist im Plan der ‚Schöpfung‘ nicht enthalten“, hat der Begründer der Psychoanalyse, Sigmund Freud, einmal gesagt.[1] Erstaunlich, was der alte Meister damit allen Therapeuten und Lebenshilfe-Ratgebern ins Stammbuch geschrieben hat: Bewahrt die Menschen vor dem Zwang, „glücklich“ sein zu müssen! Denn es kann zu einem Druck werden, „glücklich“ sein zu müssen, wenn damit ein lasten-, sorgen- und leidensfreies Leben gemeint ist. Da gibt es dann plötzlich schreckliche Verbote: Ich darf mir keine Sorgen machen, ich darf nicht an schwierigen Dingen leiden, ich darf nicht zweifeln oder Angst haben, ich darf Unsicherheiten nicht zeigen! Furchtbar, wenn ich mit dem Gefühl lebe, bei mir sei etwas nicht in Ordnung, nur weil ich mich nicht „glücklich“ fühle.

Das „Glück“, das Jesus verspricht, ist etwas anderes. In den Seligpreisungen der Bergpredigt bezeichnet Jesus gerade diejenigen als „selig“ – und damit als „glücklich“, die wissen, wie unzulänglich ihr Leben ist. „Glücklich sind die Trauernden“, sagt er zum Beispiel. Ja, es hat mit Glück zu tun, wenn ein Mensch Traurigkeit empfinden und zulassen kann. Es ist ein Glück, das Leben mit seinen Schattenseiten zu kennen und zu wissen, dass unser Leben niemals perfekt und vollkommen zu haben ist. Das bewahrt davor, sich und andere mit unerreichbaren Idealen zu überlasten. Es ist ein Glück, sich selbst, die anderen und diese Welt realistisch einzuschätzen und in seiner ganzen Widersprüchlichkeit anzunehmen. Ein solches Glück ist die Wurzel von Barmherzigkeit, Friedfertigkeit und all den anderen Dingen, die Jesus in seinen Seligpreisungen verspricht.

Jesus verspricht ein jenseitiges Glück, das viele manchmal als Vertröstung abwerten. Aber dafür beschwört er keine Illusionen in dieser Welt, wie es manche Scharlatane für teures Geld in ihren Illustrierten, Büchern und Glückstherapien tun. Wir leben in dieser Welt noch nicht im Paradies und haben uns den Konflikten, Problemen und Herausforderungen dieses Lebens zu stellen. Wer davor nicht wegläuft, sondern mit einer Verheißung lebt, die über dieses Leben und diese Welt hinausreicht, der kann wirklich „glücklich" werden.

| Nicht die Welt aus den Angeln heben

„Nur noch kurz die Welt retten", hat Tim Bendzko vor ein paar Jahren eine Lebensdevise besungen, die auch mir vertraut und unter Kirchenleuten weit verbreitet ist: Wir wollen die Welt verbessern, Probleme lösen, Konflikte bewältigen. Nur: Meistens klappt das nicht. Das merken wir ja schon innerhalb unserer Kirche. Vieles liegt da im Argen. Wir stemmen uns gegen die schlechte Stimmung, arbeiten wie verrückt, um den Abwärtstrend aufzuhalten. Aber die Aussichten sind düster.

Mitten in so einer trüben Stimmungslage schickte mir ein Kollege einen Text von Dietrich Bonhoeffer. Wir hatten uns kurz vorher gegenseitig unser Leid geklagt – über die Lage der Kirche, über unsere unendliche Arbeit und über die Aussichtslosigkeit, die Kirche und die Welt zu retten. „Man könnte ja verzweifeln bei all dem Druck", schrieb er mir. „Deshalb lies mal diese Zeilen von Bonhoeffer!"

Und dann las ich: „Unsere Verantwortung ist nicht eine unendliche, sondern eine begrenzte!"[2] Dietrich Bonhoeffer, der große evangelische Theologe des letzten Jahrhunderts, hatte sich gegen die Nazi-Ideologie gestemmt und mit allen Mitteln versucht, den Horror aufzuhalten. Und aus diesen unendlich schweren Anstrengungen heraus sagt er einen solchen Satz: „Unsere Verantwortung ist nicht eine unendliche, sondern eine begrenzte!" Und: „Nicht die Welt aus den Angeln zu heben, sondern an gegebenem Ort das im Blick auf die Wirklichkeit Notwendige tun, kann die Aufgabe sein!"

Mich holen diese Sätze auf den Boden der Realität. Nein, niemand hat eine unendliche Verantwortung. Das heißt, ich muss nichts tun, was über meine Möglichkeiten hinausgeht. Und schon gar nicht soll ich die Welt aus den Angeln heben – weil ich das auch gar nicht kann. Ich soll nur das tun, was in meiner konkreten Situation notwendig ist. Das ist schon viel.

Bonhoeffer und seine Gefährten konnten den Nationalsozialismus nicht aufhalten. Sie haben die Welt nicht aus den Angeln gehoben. Aber in ihrer konkreten Situation haben sie Großes getan, sie sind Vorbild für Millionen Menschen geworden.

Es hilft nichts, unter Dauerstrom zu stehen, weil ich alles auf einmal will. Das Ausbrennen, das „Burn-out", kommt vielleicht daher, dass wir zuviel wollen und sollen. Doch nein, unsere Verantwortung ist immer nur begrenzt. Wir können nicht alles zugleich, und manches eben gar nicht.

Das ist schwer auszuhalten. Sich bescheiden und begrenzen – wer mag das schon? Dazu braucht es eine besondere Fähigkeit: den Glauben, dass es einen Gott gibt, dem ich das überlassen kann, was mir nicht möglich ist. Wer so glauben kann, der resigniert nicht. Er weiß ja, dass er nur das tun muss, was für ihn geht, nicht mehr und nicht weniger. „Wer verantwortlich handelt", sagt Dietrich Bonhoeffer, „der legt sein Handeln in die Hände Gottes und lebt von Gottes Gnade und Gunst."

| Vom Glück des Glaubens

Der Entertainer Jan Böhmermann lehnt Religionen ab, lese ich in einem Online-Magazin. „Und zwar alle gleichermaßen", so wird er zitiert.[3] Seine Begründung: „Religion ist generell Blödsinn. Menschen müssen nicht auf jede Frage eine Antwort haben und können trotzdem glücklich sein." Er sei „zum Glück nicht getauft", fügt er noch hinzu.

Puh, das ist starker Tobak für jemanden wie mich, der aus seiner Religion lebt und sie zum Beruf gemacht hat. Auch viele unter Ihnen, für die die eigene Religion eine Lebensgrundlage ist, dürften sich vor den Kopf gestoßen fühlen. Wer lässt sich schon gerne nachsagen, sein Leben auf „Blödsinn" aufzubauen? Und wenn es ein „Glück" sein soll, nicht getauft zu sein und keiner Religion anzugehören, dann müssen nicht nur wir Christen, sondern auch Juden, Muslime oder auch Angehörige anderer Religionen ziemlich unglücklich oder verrückt sein.

Nein, unglücklich fühle ich mich nicht. Gut, ich weiß auch, dass es Menschen gibt, die aufgrund einer engen und rigiden religiösen Erziehung an manchen Lebensproblemen zu „knacken" haben. Jede Religion hat auch ihre üblen Schattenseiten und neigt zu radikalen Formen, die tatsächlich ins Unglück führen können. Aber das hat mehr mit den Menschen zu tun, als mit der Religion an sich. Mein christlicher Glaube hat mich jedenfalls nicht unglücklich gemacht – und all die gläubigen Zeitgenossen, die ich kenne, wirken im Großen und Ganzen auch recht zufrieden.

Bin ich also „blöd", wie Herr Böhmermann vielleicht denken könnte, wenn er Religionen für „Blödsinn" hält? Nein, das klingt mir doch etwas heftig. Aber mir gefällt der Gedanke, den der Journalist Marcus Günther formuliert hat, um zu erklären, warum sich heutzutage viele Menschen mit dem religiösen Glauben schwer tun: „Glaube braucht einen Schuss Naivität, die Bereitschaft, die Kontrolle aus der Hand zu geben und sich auf Unbegreifliches einzulassen."[4] In einer Welt, in der nur das zählt, was wissenschaftlich zu beweisen, mit den Augen zu sehen und mit den Händen zu greifen ist, da wirkt es in der Tat naiv und verrückt, wenn Menschen auf das genaue Gegenteil setzen.

In der Bibel heißt es: „Glaube ist: Feststehen in dem, was man erhofft; Überzeugt sein von Dingen, die man nicht sieht"[5]. Herr Böhmermann liegt nicht ganz falsch, wenn er sagt, dass das Glück des Menschen nicht davon abhängt, auf alles eine Antwort zu haben. Das Glück hängt aber sehr wohl davon ab, dort eine Hoffnung haben zu können, wo es auf dieser Erde keine Antworten gibt.

Ich habe in meinem Leben schon viele Momente erlebt, in denen ich keine Antwort hatte: verfahrene Situationen, unlösbare Konflikte, ausweglose Sackgassen. Es waren aber vor allem die Momente, in denen ich am Grab liebgewordener Freunde und Bekannter stand oder in denen ich als Seelsorger Menschen mit tragischen Schicksalsschlägen begegnet bin.

Antworten wusste ich da selten oder vielleicht auch nie – aber ich hätte nicht leben wollen ohne die Hoffnung, dass es doch noch einen Gott gibt, der die ausweglosen Dinge fügt und der es weitergehen lässt, wo alles zu Ende scheint.

Nein, es ist kein Unglück, religiös zu sein und an Gott glauben zu können! Unsere Welt lebt davon, dass es Menschen gibt, die hoffen und glauben können – über alle Grenzen hinweg.

| Belluti

Belluti heißt der neunjährige Junge, den ich vor einigen Jahren im Jugendhaus unseres Bistums erlebte. Sein Name klingt italienisch, hat Schwung und Pep, erinnert an Fußballstars ruhmreicher Azzurri-Mannschaften. Aber dieser Belluti ist weder Italiener, noch ist er Fußballstar, aber Schwung und Pep hat er dennoch – und das auf besondere Weise.

Belluti gehört nämlich zu einer Gruppe von Kindern mit Behinderungen. Er kam mit einer seltenen Muskelkrankheit zur Welt. Die Ärzte sahen bei seiner Geburt keine Chance, jemals laufen zu können. Aber Belluti läuft – und wie! Er flitzt los, voller Neugier und Lebenslust, auch wenn es mit seinen ausgeprägten X-Beinen recht komisch aussieht. Wenn er rennt, könnte man fürchten, er stolpert im nächsten Moment über seine eigenen Beine. Aber das passiert nicht. Belluti läuft mit einer unbändigen Selbstsicherheit.

„Wie konnte das möglich sein", fragte ich seinen Lehrer, „dass er laufen lernte, obwohl die Ärzte das gar nicht für möglich hielten?" Seine Antwort: „Belluti *wollte* laufen. Er trug und trägt einen Willen in sich, mit dem er das Laufen lernte!" Es klingt wie ein Wunder. Und vielleicht ist es auch ein Wunder, wenn einem Menschen etwas schier Unmögliches doch noch gelingt. Aber Belluti lehrt mich auch, dass Wunder nicht einfach nur Geschenke des Himmels sind, die uns zufallen, ohne dafür irgendetwas tun zu müssen. Belluti *wollte* laufen lernen. Sein schier unbesiegbarer

Wille hat ihm geholfen, trotz seiner Behinderung auf seinen eigenen Beinen zu stehen und zu gehen.

Bellutis Wundergeschichte ist für mich eine moderne Version der Wundergeschichten im Neuen Testament. Auch da werden Wunder nicht einfach wahllos an die Menschen verteilt. „Was willst du, was ich dir tun soll?", fragt Jesus die Menschen, die mit Lebensmängeln zu ihm kommen. „Steh auf!", ruft er denen zu, die sich vielleicht schon abgefunden haben mit Lähmung und Resignation.

Ich muss selbst etwas wollen, ich muss Energie mitbringen, damit in meinem Leben etwas geschehen kann an Wachstum, Entwicklung und Veränderung. Ohne den eigenen Willen, ohne die Bereitschaft zum Aufstehen können auch keine Wunder geschehen. Das wiederum hat mit Glauben zu tun, von dem Jesus sagt, dass er allein hilft. Der Glaube an besondere Kräfte, die Gott in mich hineingelegt hat. Göttliche Kräfte, die mich im Leben gehen lassen, wo es niemand für möglich gehalten hätte.

| Vom Glücklichsein

„Sag' mal, bist du eigentlich glücklich?" – Die Frage einer guten Freundin sitzt. Hm, bin ich glücklich? „Ich weiß nicht", antworte ich. „Zufrieden, das passt schon eher, auf jeden Fall bin ich nicht unglücklich."

Die Frage nach dem Glück finde ich schwer. „Glück", da denke ich an strahlende Werbegesichter, an die vielen Happy Ends in Hollywood-Filmen. „Glück", das klingt so, als gäbe es im Leben den Moment, in dem alles klar ist, in dem keine Fragen und Wünsche mehr offen bleiben. Nur: Das gibt es bei mir nicht. Und ich fürchte, das wird es in diesem Leben niemals geben.

Ich vermute: Die meisten von Ihnen wissen das auch. Jedenfalls erlebe ich in meiner Umgebung ausnahmslos Menschen, die nicht in diesem Sinne glücklich sind. Irgendetwas fehlt jedem immer. Es ist kein Zufall, dass die Bücherregale mit den Ratgeber- und Rezeptbüchern für ein

19

glückliches Leben überquellen. Vielleicht gibt es ja zumindest einen Weg, ein bisschen glücklicher zu werden?

Eine Wissenschaftlerin hat ein Jahr lang mit Glücksratgebern experimentiert. Sie wollte wissen, wie sie wirken. Im Interview wurde sie gefragt, welches Rezept nach ihrer Erfahrung am besten hilft, um sich glücklicher zu fühlen. Ihre Antwort: „Genug schlafen!"

So einfach kann das sein: genug schlafen. Das wäre doch schon mal was. Ich weiß nämlich, dass ich zu wenig schlafe und daran durchaus etwas ändern könnte. Ich weiß genau, dass ich wacher, arbeitsfähiger, ausgeglichener und weniger reizbar wäre, wenn ich etwas mehr schlafen würde. Aber es ist schwer, die einfachen Dinge im Leben zu tun.

Glück kann manchmal so einfach sein. Ich habe es sogar zu einem Teil selbst in der Hand. Klar: Vieles kann ich im Leben nicht beeinflussen, aber eine ganze Menge eben doch, wie viel ich schlafe zum Beispiel. Oder: Aus welcher Perspektive ich mein Leben betrachte. Ob ich nur das sehe, was ich nicht ändern kann, und darüber in Jammern und Wehklagen versinke. Oder, ob ich vor allem das betrachte, was ich selbst steuern kann – und es dann auch tue. Ich jedenfalls will meine Zufriedenheit als großes Glück ansehen. Und wo ich unzufrieden bin, da will ich etwas dagegen tun. Und wenn ich nur dem einfachen Glücksratgeber folge, ab und zu genug zu schlafen.

Übrigens: Die Glückswissenschaftlerin hätte für ihre Erkenntnis gar nicht so viele Glücksratgeber lesen und ausprobieren müssen. Die Bibel, für mich als Christ das Wort Gottes, ist lebensnäher und lebenspraktischer als viele denken: „Der Herr gibt es den Seinen im Schlaf!" Im 127. Psalm steht diese Wahrheit. Etwas mehr Gottvertrauen – und das Glück käme uns ein großes Stück näher.

Glaubensfragen: Das Böse, Wahrheit und Gebet

Wer sich mit dem Glauben auseinandersetzt, stößt zuweilen an sehr schwierige Fragen: Wie ist das mit dem Bösen? Wie frei sind wir Menschen eigentlich? Was ist Wahrheit? Was ist richtig, was ist falsch? Was bedeutet Gebet? Theologen tun sich manchmal schwer, in möglichst einfachen Worten zu solchen Themen Stellung zu beziehen. Aber was soll eine Theologie, wenn sie nicht in wenigen Sätzen formuliert werden kann? Nur wenige Menschen sind in der Lage, dicke theologische Bücher zu lesen. Mich reizt es, in einer halbwegs verständlichen und alltagstauglichen Sprache Theologie zu betreiben. Die folgenden Beiträge sind solche Versuche zu unterschiedlichen Themen.

| Ein Gott zum Anfassen

„Die Unsichtbarkeit Gottes macht uns kaputt", hat Dietrich Bonhoeffer einmal gesagt.[6] Er arbeitete als Studentenseelsorger mit jungen Leuten – und stieß wohl auf viel Skepsis. „Wer glaubt uns denn noch?", fragte er verzweifelt. Es machte ihm schwer zu schaffen, dass er ständig nach „Beweisen" für sein Reden von Gott gefragt wurde.

Diese Zitate sind zwar schon fast 80 Jahre alt, aber sie klingen höchst aktuell. Mir ist diese Not vertraut. Natürlich erzähle ich als Priester oft und gerne davon, was der Glaube an Gott für das Leben so bedeuten kann. Aber das ist nicht leicht zu vermitteln. Gerade junge Menschen wollen sehr genau wissen, ob sich meine Worte mit dem ganz konkreten Leben decken. Sie entlarven jede Floskel und konfrontieren mich schonungslos mit der Tatsache, dass Gott für die Augen unsichtbar ist. Und das macht es so schwer, an ihn zu glauben.

Die Sehnsucht, etwas von Gott konkret zu spüren und zu sehen, ist groß. Vielleicht ist das ein Grund dafür, dass Pilgerreisen zu berühmten

Wallfahrtsorten so beliebt sind: Lourdes und Fatima, Rom, Jerusalem und Santiago – all das sind Orte, an denen das Heilige greifbar wird. Hier ist Maria angeblich sichtbar erschienen, dort hat Jesus seine Wunder gewirkt, hier finden sich Spuren der Apostel, dort die Überreste großer heiliger Gestalten. Wenn es etwas Konkretes gibt, woran ich mich festhalten kann, lässt sich leichter glauben.

Ich erinnere mich an einen handfesten Streit unter Religionslehrern. Es ging bei einer Tagung um die Frage, wie man sich die Auferstehung Jesu vorstellen kann. Hätte ein Fotograf das Ereignis festhalten können, als Jesus aus dem Grab erstand? Eine unsinnige Frage, meinte jemand. Die Bibel sei doch keine Zeitung, in der Ereignisse wie in einer Reportage dokumentiert wären. Es gehe um Glaubensaussagen, die in einer Bildersprache vermittelt werden – nicht um historische Tatsachenberichte. Skandalös, wetterte ein anderer. Wenn die Auferstehung kein historisch sichtbares und dokumentierbares Ereignis gewesen sei, dann stünde doch der gesamte Glaube in Frage. Die Wogen schlugen hoch.

Es ist eine alte Debatte, die sich an der Frage der richtigen Bibelauslegung entzündet. Im Hintergrund steht letztlich die nicht aufzulösende Spannung des religiösen Glaubens: Wie kann ich an etwas oder jemanden glauben, das oder den ich nicht mit hundertprozentiger Sicherheit sehen und greifen kann?

Diese Spannung ist in den Ostergeschichten der Bibel im wahrsten Sinn des Wortes mit Händen zu greifen: „Fass mich nicht an", sagt der auferstandene Jesus im Johannesevangelium[7] zu Maria Magdalena. Sie will ihm am Ostermorgen um den Hals fallen und bekommt zu spüren, dass das so nicht geht. Nein, der auferstandene Jesus ist anders, nicht in der gleichen Weise fassbar wie der irdische Jesus vor seiner Kreuzigung.

In der Ostererzählung aus dem Lukasevangelium ist nahezu das Gegenteil zu hören.[8] Der Auferstandene erscheint seinen Jüngern – und die können es nicht glauben. Jesus will ihnen die Zweifel nehmen: „Fasst mich doch an", appelliert er, „ich bin es selbst!". Fassbar und unfassbar

zugleich, so scheint der Gott Jesu Christi zu sein.

Jesus gibt sich verblüffend konkret, um seine Jünger zu überzeugen. Er zeigt ihnen „Haut und Knochen", verspeist vor ihren Augen Brot und Fisch. Er macht das, was wir heutzutage so vermissen: Er wird greifbar, lässt sich berühren, zeigt seine reale Wirklichkeit. Er ist ein Gott zum Anfassen.

Und im gleichen Augenblick, so heißt es bei Lukas weiter, „öffnet er ihnen die Augen". Erklärt ihnen das, was für sie bis dahin unerklärlich war: Sein Leiden und Sterben, seine Auferstehung und alles, was noch daraus folgen sollte. Das Unfassbare wird plötzlich fassbar, das Unerklärliche, Unvereinbare bekommt seinen Sinn.

Das klingt alles sehr paradox: Unfassbares wird fassbar? Das geht doch gar nicht. Auf der realen Ebene, in der wir Menschen gewöhnlich denken, mag das auch so sein. Aber auf der Ebene der Wirklichkeit Gottes ist Widersprüchliches vereinbar: Da wird der unsichtbare Gott eben doch sichtbar. Ich brauche dafür nur einen anderen Blick, die inneren Augen des Glaubens, die mehr wahrnehmen als das äußerlich Sichtbare.

Wenn ich diese inneren Augen geöffnet halte, kann Gott für mich berührbar und greifbar werden - und zwar in den ganz konkreten Ereignissen und Erfahrungen meines Lebens.

Es ist auffällig, dass sich der auferstandene Jesus Christus mitten im Alltag zeigt. Seine Jünger oder die befreundeten Frauen reden miteinander, sind unterwegs, mitten in ihren Alltagsbeschäftigungen – und plötzlich ist er da. Mal löst er Erschrecken aus, mal wird er zunächst gar nicht bemerkt.

Für mich ist das ein Hinweis, wie der Auferstandene, wie Gott selbst auch für Sie und mich heute erfahrbar sein könnte: mitten im Leben, in den Ereignissen unseres Alltags, in den Menschen, die uns begegnen. „Fragen Sie sich jederzeit, was Gott Ihnen durch die jeweilige Situation sagen will, in der Sie sich befinden", hat mir mal ein geistlicher Lehrer gesagt.

Das ist eine Frage, mit der ich mich darin üben kann, den unsichtbaren Gott in meinem Alltag sichtbar werden zu lassen.

Der katholischen Tradition ist dieser Glaube an Gottes Gegenwart im konkreten menschlichen Leben sehr vertraut. Das eindrucksvollste Beispiel ist für mich das Verständnis der Ehe als ein „Sakrament". Gottes Gegenwart wird darin nach dem Glauben der Kirche sicher erfahrbar. Bei der Ehe ist damit keineswegs „nur" der Hochzeitstag gemeint; und schon gar nicht ist es der Pfarrer, von dem das Sakrament ausgeht, der es „spendet". Nein, die Ehe als Ganzes ist ein Sakrament, das sich die Partner gegenseitig „spenden". Junge Paare, denen ich vor der kirchlichen Trauung davon erzähle, sind meist sehr angerührt. Denn diese Vorstellung besagt etwas ganz Großes: Ich erfahre Gott in dem Menschen, der mir nahe ist – in seiner Liebe, seiner Treue, aber auch in seinen Zumutungen und Provokationen. Und auch ich selbst bin jemand, durch den Gott sich einem anderen zeigt.

Da wird der unsichtbare Gott also sehr sichtbar. Und was für die Ehe gilt, das darf ich auf das ganze menschliche Miteinander übertragen – und sogar darüber hinaus. Der Gründer des Jesuitenordens, Ignatius von Loyola, hat das im 16. Jahrhundert auf eine berühmte Formel gebracht: Der Mensch kann „Gott finden in allen Dingen".

Es ist eine große Kunst, Gott in allen Dingen meines Lebens zu finden. Vielleicht mag das recht einfach sein, wenn es mir gut geht. Dass Gott mir in einem Menschen begegnet, der mich gern hat; dass er der Urheber von kleinen und großen „Erfolgen" in meinem Alltag ist oder mich auch vor Krankheit und Krisen bewahrt – das ist gut annehmbar. Schwierig wird es, wenn das Leben sich von seiner komplizierten Seite zeigt: in Krisen und Konflikten, im Umgang mit Menschen, die mich ärgern, verletzen oder provozieren. Aber genau dann wird der Glaube an Gott besonders konkret. Mein Blick auf das Leben verändert sich. Ich urteile nicht voreilig, denke noch einmal nach, frage nach dem Sinn, wo auf den ersten Blick alles sinnlos erscheint.

Was will Gott mir sagen, durch den Konflikt, der mich in dieser Woche so belastet? Was will er mir sagen, durch den provokanten Typ, der mich immer wieder ärgert? Was will er mir sagen, durch die dauernde Erschöpfung die mich plagt, durch die Krankheit, die meine Alltagspläne über den Haufen wirft? Welche Botschaft hat er für mich, was stellt er in Frage, wozu fordert er mich heraus? Ein Glaube, der mit Gott in allen Dingen rechnet, verändert mein Denken. Der erste Blick, das erste Urteil, das oberflächliche Denken – es reicht nicht.

Es gibt ein kleines Segensgebet, das mit einer ganz banalen Frage helfen kann, Gott in allen Dingen zu finden, auch in denen, wo er unsichtbar scheint. Dort heißt es:

Mögest du bei allem, was dir widerfährt,
die kleine Frage nicht vergessen:
Wer weiß, wozu es gut ist?
Möge diese Frage deine Hoffnung wecken,
und den Glauben an den Sinn in deinem Leben.
Möge sie deinen Schmerz lindern
und deine Enttäuschung besänftigen.
Denn diese Frage kann zu jener Lücke werden,
durch die der Segen Gottes zu dir strömt,
und alles wandelt,
was dir schwer und unbegreiflich scheint.

| Freiheit

„Der Papst ist nicht frei – er ist an die Tradition gefesselt, keinen Millimeter darf er sich bewegen!" Das sind harte Worte, die mir vor einiger Zeit im Interview eines recht konservativen Katholiken auffielen.[9] Es ist sehr ungewöhnlich: Da stören jemanden nicht nur sogenannte liberale Auffassungen des christlichen Glaubens, vielmehr geht ihm sogar der gegenwärtige Papst Franziskus viel zu weit. Die Begriffe sprechen für sich:

28

„nicht frei", „gefesselt", „keinen Millimeter". Religion klingt hier nach Unfreiheit, Gefangenschaft und Erstarrung.

Ist ja klar, haben wir schon immer gewusst, mögen manche von Ihnen denken. Religion schafft Druck und ist ein System, das mit Verboten, Zwängen und Regeln Menschen drangsaliert – und letztlich Unfrieden stiftet. Wer unter Ihnen etwas älter ist und eine religiöse Erziehung genossen hat, kann da vielleicht ein Lied von singen.

„Zur Freiheit hat uns Christus befreit", lese ich in der Bibel.[10] Der Apostel Paulus hat das geschrieben. Er wirbt für einen Glauben, der sich nicht von äußeren Regeln gefangen nehmen, sondern den Geist der Freiheit spüren lässt. Für Paulus kommt es darauf an, „den Glauben zu haben, der in der Liebe wirksam wird."[11]

Liebe hat nichts mit Fesseln und Gefangenschaft zu tun, sondern mit Freiheit. Theologen haben in den letzten Jahrzehnten daran erinnert, dass Gott selbst als Freiheit zu verstehen ist – auch deshalb, weil er uns Menschen als freie Wesen geschaffen hat. „Ich nenne euch nicht mehr Knechte, vielmehr habe ich euch Freunde genannt", sagt Jesus treffend.[12]

Freiheit, das ist ein großes Wort. Manche denken dabei an Beliebigkeit, im Sinne von: Alles ist egal, jeder macht, was er will. Freiheit meint aber, nicht nur sich selbst als frei zu verstehen, sondern auch jede und jeden anderen. Das ist schwer, vielleicht auch nie ganz erreichbar. Wir Menschen sind schließlich völlig verschieden, widersprechen uns sogar oft in unserem Denken und Tun. Das braucht viel Toleranz, viel Kompromissbereitschaft, um in dieser Vielfalt miteinander zu leben. Freiheit hat immer auch Grenzen – und gleichzeitig verspricht sie eine ungeahnte Weite.

Der Schriftsteller Charles Péguy sagte einmal, dass die Freiheit Gottes „größte Erfindung" ist: „Wenn man das einmal gekostet hat, in Freiheit geliebt zu werden, ist alles andere nur Unterwürfigkeit. Und alle Unterwürfigkeit auf der Welt reicht nicht heran an den Blick eines freien Menschen". Darum wolle Gott vor allem eines: „Die Menschen die Freiheit zu lehren!"[13] Die Freiheit lernen, das bedeutet: Ich muss selbst herausfinden, wie ich leben will. Ich trage selbst die Verantwortung für mich und kann nicht andere danach fragen, was ich tun oder lassen soll. Freiheit bedeutet aber auch, die Freiheit der anderen zu respektieren, Vielfalt, Widersprüche und Konflikte zuzulassen. Wenn Gott uns die Freiheit lehren will, dann ist das eine tiefreligiöse, spirituelle Aufgabe. Es geht darum, in den vielfältigen Schwierigkeiten und Konflikten des Lebens um den richtigen und wahren Weg zu ringen.

Kein Mensch ist gefesselt – auch nicht der Papst. Wir sind frei. Und das ist eine gewaltige Herausforderung, weil Freiheit Mut zur eigenen Entscheidung fordert, weil sie Verantwortung verlangt und weil sie auch die Freiheit der anderen achtet. Denn sie ist niemals egoistisch, sondern wird „in der Liebe wirksam".

| „Das Leben ist doch ganz okay, oder?"

Es ist ein unvorstellbares Schicksal: Vor 21 Jahren sprang Maria Cristina Hallwachs kopfüber in den Pool einer Ferienanlage – und brach sich den Halswirbel. Seitdem ist sie vom Hals ausgehend vollständig gelähmt, nur ihren Kopf kann sie fühlen und bewegen. Maria Cristina Hallwachs sitzt im Rollstuhl und ist auf permanente Hilfe angewiesen. Ihr Atem funktioniert nur, solange eine Maschine ihn antreibt. Was für ein Leben! Als ihr einmal die Frage gestellt wurde, ob sie so überhaupt leben will, antwortete sie: „Natürlich will ich leben! Das Leben ist doch ganz okay, oder?"

Mich hat dieses Schicksal aufgewühlt. Als ich die Frau im Rollstuhl in einer Fernsehshow sah, schaltete ich um. Ich wollte das nicht sehen. Aber in meinen Gedanken blieb ich dabei – und spürte Angst: So furchtbar kann das Leben sein, plötzlich ist man eingeschränkt, ausgeliefert, ohnmächtig und vom Tode bedroht. Jeden kann es treffen – auch mich. Ich schaltete zurück und erfuhr, dass Maria Cristina Hallwachs einen Preis bekommen hatte: Sie hatte ihr Schicksal in einem beein-

druckenden Hörspiel dokumentieren lassen und dafür den Deutschen Hörspielpreis erhalten.[14]

Was für ein Signal! Was zeigt sich hier für ein unbändiger Lebenswille! Da demonstriert jemand, dass das Leben Wert und Würde hat – auch dann, wenn es Lichtjahre entfernt ist von den „normalen" Qualitätsvorstellungen, die die meisten von uns wohl haben.

Mich rüttelt dieses Signal auf, weil ich mich ertappt fühle. Denn ich wollte ja wegschauen und mich nicht mit einem solchen Schicksal beschäftigen. Ich habe sie also auch, diese Neigung, nicht wahrhaben zu wollen, was auch zu diesem Leben gehört. Der Gedanke, dass ich nichts wirklich unter Kontrolle habe, dass nichts sicher ist – nein, das halte ich kaum aus. Ich bin damit wohl in guter Gesellschaft, denn wenn ich mich umschaue, dann erkenne ich immer wieder, dass wir nach der Devise leben: Alles und jeder muss funktionieren! Man soll gesund, schön und jugendlich dazu sein! Perfekt ist normal!

Ist es aber nicht! Maria Cristina Hallwachs reißt uns alle aus dieser Illusion heraus: Nein, das Leben ist manchmal alles andere als perfekt. Und ja, das ist verdammt schwer! Aber: Es ist trotzdem Leben! Und „ganz okay" noch dazu! Sagt diese Frau, die einen schweren Lebenskampf zu kämpfen hat.

Was für ein Protest gegen die Haltung, das Leben habe nur dann einen Wert, wenn es „perfekt" verläuft! Ein Protest gegen die Einstellung, dass ein Leben mit Behinderung, mit unheilbarer Krankheit eigentlich nicht sein darf und auch keinen Sinn hat. Ein Protest gegen den allzu leichtfertigen Ruf nach aktiver Sterbehilfe.

Leid und Unglück spielen im christlichen Glauben eine große Rolle. In der Bibel ist Gott vor allem für die Menschen da, denen es nicht gut geht. Jesus wendet sich Kranken und Leidenden zu – und geht selbst am Ende einen Leidensweg.

Leben ist nicht zu haben ohne Leiden, lehrt das Christentum. Wer wirklich leben will, wer intensiv leben will, der muss üben, Schwierigkeiten und Beeinträchtigungen auszuhalten, Niederlagen zu ertragen, sich Konflikten zu stellen. Wer eine lebenswerte Welt möchte, muss auch den dunklen Seiten Raum geben können und anderen in ihrem Leid beistehen.

Ob mir das hilft, wenn mich einmal ein ganz schwerer Schicksalsschlag trifft? Ich weiß es nicht. Aber mir machen Menschen Mut, die in noch so schwierigen Situationen sagen können: Das Leben ist schon okay!

| Der Teufel in mir

Eine unheimliche Geschichte wird in den Kirchen erzählt, wenn die Fastenzeit beginnt: Jesus ist in der Wüste, er zieht sich zurück und fastet. Dann geschieht das Unheimliche: Der „Teufel" begegnet ihm. Ich sehe die furchterregende Gestalt vor mir, an die ich mich aus einem der Jesus-Filme meiner Kindheit erinnere. Schaurige Musik, dunkler Nebel. „Na", sagt die Gestalt, „wenn du Gottes Sohn bist, dann ..." Es ist völlig klar: Dieser furchtbare Typ führt Böses im Schilde.

Der „Teufel" – wie viele Bilder gibt es von ihm! Kinofilme produzieren bis in unsere Tage immer neue Horror-Szenen. Sie nähren die Vorstellung, es gäbe ihn höchstpersönlich. Er ist es, der Angst und Schrecken verbreitet. Er ist es, der die Menschen zum Bösen verführt. Er steckt hinter Terror und Krieg, hinter Krankheiten und Katastrophen, hinter den furchtbarsten Dingen, die Menschen tun.

„Herr Pfarrer, gibt's ihn denn nun, den persönlichen Teufel?" Kein Wunder, das sogar aufgeklärte Menschen mir manchmal diese Frage stellen. Die alten Teufelsbilder bieten ja auch eine gute Erklärung für das Unerklärliche. Selbst die Kirche hält in manchen Texten und Bräuchen daran fest.

Ein Kölner Therapeut hat vor einiger Zeit Alarm geschlagen.[15] Viele Patienten bereiten ihm Sorge, weil sie ihre Lebensprobleme mit bösen Mächten in Verbindung bringen. Sie fühlen sich Teufeln und Dämonen ausgeliefert, die sie für eigenes oder fremdes Leid verantwortlich machen. Sie sind in schrecklicher Ohnmacht gefangen. Unverantwortlich, wenn Religionen den Glauben an den Teufel fördern, sagt der Therapeut. Sie verschlimmern das Leid und machen Heilung unmöglich.

Der Teufel lädt ein zur Flucht: Wenn er für die bösen Seiten im Leben verantwortlich ist, dann habe ich nichts damit zu tun. Ich muss mich dann auch nicht mit mir selbst auseinander setzen, um die Abgründe meiner Seele zu erforschen. Ich bin ja nur Opfer einer fremden, bösen Macht, ihr ohnmächtig ausgeliefert.

Doch nein, das stimmt nicht. Der Teufel im Evangelium ist nicht so mächtig. Er ist kein Gegenspieler Gottes, keine zweite Macht, die über uns Menschen regiert. Jesus hat ihn im Griff, er geht frei und souverän mit ihm um und zeigt, was eine der großen Lebensaufgaben ist, nämlich Folgendes anzuerkennen: Ich bin ein Mensch mit sehr verschiedenen Seiten. Ich bin nicht nur gut, ich bin auch böse. Ich liebe und hasse. Die Schöpfungsgeschichte der Bibel hebt das hervor: Der Mensch ist nicht wie Gott, sondern „nur" ein unvollkommenes, aber freies Wesen in einer unvollkommenen Welt. In uns sind viele Facetten verborgen, mit denen wir umgehen und zwischen denen wir wählen müssen. Und wir müssen uns zurechtfinden in einer Welt, die auch von Leid geprägt ist.

Leicht ist das nicht: Wenn das Böse ein Teil von mir selbst ist, kann ich keinem Teufel die Schuld dafür in die Schuhe schieben. Ich trage selbst die Verantwortung für mein Leben.

| Streit um die Wahrheit

Wenn es um die Kirche geht, dann fliegen schon mal die Fetzen. Was können sich Leute über die Kirche aufregen. Sie finden alles viel zu konservativ: die strenge Sexualmoral, die langweiligen Gottesdienste, die Bräuche wie aus dem Mittelalter. Aufregen können sich aber auch Leute aus entgegengesetzten Gründen: Viel zu modernistisch und angepasst ist

die Kirche! Viel klarer und kompromissloser muss sie sein! Zurück zu den Ursprüngen – natürlich auf Latein.

Merkwürdig: Je intensiver darüber diskutiert wird, den christlichen Glauben in unsere Zeit zu übersetzen und mit Lebensfragen von heute zu verbinden, umso lauter schreien diejenigen auf, die Angst vor Veränderung haben. Sie wittern Gefahr.

Viele von ihnen sind nicht zimperlich: In Internet-Foren greifen Leute, die sich als Verteidiger des wahren Christentums verstehen, in die unterste Schublade der Fäkalsprache. Sie beschimpfen jeden, der nicht ihre strengkonservativen Ansichten teilt. Sogar Bischöfe bekommen ihr Fett weg, sobald sie auch nur einen Hauch von Aufgeschlossenheit zeigen. „Nein", sagen sie, „Kirche darf keine Kompromisse machen. Sie muss sagen, wo es langgeht". Und sie soll sich an die Wahrheit halten, die angeblich seit Jahrhunderten feststeht.

Mich erschrecken solche fundamentalistischen Tendenzen in meiner Kirche. Sie machen mir Angst. Ihre Vertreter sind aggressiv. Sie verdächtigen, beschuldigen und denunzieren. Sie halten es nicht aus, dass der Glaube kein festgeschnürtes Paket ist, sondern gesucht und errungen werden muss. Sie ertragen keine Unsicherheiten, keine Unterschiede, keine Widersprüche. Für sie gibt es nur ein Entweder-Oder. Sie spalten.

Im Evangelium lese ich, dass die Jünger Jesu aggressiv sein konnten. Einer von ihnen wollte beispielsweise einen Mann stoppen, der im Namen Jesu zwar Wunder tat, aber nicht so richtig zu ihnen gehören wollte. Jesus blieb gelassen: „Hindert ihn nicht!"[16] An anderer Stelle wird es noch heftiger: Da wollen zwei Jünger gleich Feuer vom Himmel regnen lassen und ein ganzes Dorf vernichten, nur weil die Bewohner ihnen ablehnend begegnen. Das geht für Jesus überhaupt nicht. „Er wandte sich um und wies sie zurecht", heißt es im Evangelium.[17]

Jesus macht keinen Druck, um Menschen „auf Linie" zu bringen. Er lässt Unterschiede zu. Er weiß: Menschen sind Suchende. Sie können gar nicht anders. Die Schöpfungsgeschichte der Bibel sagt: Es ist dem Menschen nicht gegeben, Erkenntnis zu erlangen, Gut und Böse zu unterscheiden. Und wenn jemand meint, das zu können, dann wird die Welt schnell zur Hölle. Die Geschichte ist voll von Wahrheitsfanatikern und Ideologen, die Angst und Schrecken gebracht haben.

Wir Menschen sind Suchende, nicht Wissende. Alles, was wir auf dieser Erde zu fassen vermögen, unterliegt einem Vorbehalt. Letzte Sicherheiten gibt es nicht, stets gibt es mehrere Antworten auf offene Fragen, oft müssen Widersprüche ausgehalten werden, auch wenn es um Gott, Religion und Kirche geht. Denn wir Menschen sind Glaubende, nicht Wissende.

| Ein Gedicht

„Ich hab da etwas gedichtet – und dachte mir, dir kann ich das schicken. Du wirst es verstehen!" Die Mail eines Bekannten überraschte mich. Die Sätze deuten etwas sehr Persönliches an. Als ich das nachfolgende Gedicht des Bekannten las, war ich berührt: *„Gebet in finsterer Nacht"*, ist es überschrieben:

Mich packt verzweifelt eine Scham,
ein Mitmensch dieser Welt zu sein,

heißt es da. Es folgt eine Klage über das Grauen des islamistischen Terrors, dann der Ruf nach Gott:

Ich bin so wehrlos und in Angst.
Ich fürchte mich vor Unkultur.
Ich wünsche mir im Herzen nur,
dass du für uns im Himmel prangst.

Das Gedicht mündet in Fragen:

Darf Rache mir das Herz vergiften?
Was rätst du uns in unsrem Groll?
Sag mir, wie ich jetzt handeln soll,
sag uns, wie wir nicht abwärts driften!

Was Sie wissen müssen: Den Bekannten kenne ich nicht aus Kirchenkreisen. Damit hat er nicht so viel am Hut. Deshalb war ich so überrascht. Da schreit einer seine Sehnsucht nach Gott heraus, weil er nicht weiter weiß und verzweifelt ist angesichts des Horrors, den er in den Nachrichten sehen muss.

Es ist ja auch zum Verzweifeln und ein Wahnsinn, zu welch sinnloser und brutaler Gewalt Menschen in aller Welt fähig sind! Ich muss die Krisenherde gar nicht aufzählen, Sie werden sie kennen. Die meisten Konflikte scheinen völlig unlösbar. Noch leben wir in Deutschland auf einer Insel der Seligen – aber nicht nur die wachsenden Flüchtlingsströme deuten an, dass es in einer globalisierten Welt keine unberührten Inseln mehr gibt. Die Krisen und Konflikte in anderen Teilen der Welt haben Auswirkungen auf uns! Wir können keine Grenzen und Mauern um uns herum errichten.

Wohin mit der Angst und Ohnmacht? Mein Bekannter spricht sie einfach aus, in einem Gedicht. Er schreit nach Gott. Ist das nicht „platt"? Den „lieben Gott" zu bemühen, wenn man den Horror der Welt nicht mehr aushält, wenn man Ohnmacht spürt und Angst hat? Es gibt Leute, die sich darüber ärgern, oder sie finden es einfach lächerlich. Da wird der „liebe Gott" gerufen, wenn es ohne ihn nicht mehr zu gehen scheint.

Ich meine: Ja klar! Dafür ist Gott doch da. Um uns Menschen Halt und Hoffnung zu geben, wenn wir das selbst nicht mehr können!

Das Gedicht meines Bekannten hat mich deshalb so berührt, weil es so ehrlich ist: Es gibt so viele Situationen im Leben, in denen ich nichts tun kann. Ich kann die Kriege nicht beenden, Terror nicht verhindern. Ich kann Krankheiten nicht aufhalten und gegen den Tod habe ich keine Macht. Wenn ich da nicht verzweifeln will, ist doch der Ruf nach Gott ein guter Weg!

Gebete wirken vielleicht nur selten große Wunder und zaubern keine bessere Welt herbei, aber sie helfen, standzuhalten. Sie sind ein Mittel, um Ohnmacht, Traurigkeit, Angst und Zorn zuzulassen – und Gott zu über-

lassen. Daraus kann neue Kraft erwachsen, um weiterzuleben, manchmal sogar mit neuen Perspektiven.

Gott hat kein Problem damit, wenn wir Menschen ihn in Notsituationen brauchen. Unter Freunden ist das schließlich auch so. Wir sehen uns lange Zeit nicht, aber wenn einer in Not ist, dann sind wir füreinander da. Darum ist es gut, dass es Menschen gibt, die eine Kirche nur dann aufsuchen, wenn sie Gott dringend brauchen, meist, wenn sie in Not sind; manchmal aber auch, Gott sei Dank, wenn es Grund zur Freude gibt.

Deshalb brauchen wir Kirchen oder zumindest vergleichbare Orte, an denen Beten möglich ist. Wir brauchen Religion und Glauben. Bei aller Kritik an den Institutionen – es ist unendlich wichtig, dass Menschen die Kraft des Glaubens an Gott entdecken können.

Bilder und Gedanken zur Zukunft der Kirche

Die katholische Kirche ist in einem gewaltigen Umbruch. Im Bistum Essen treibt uns seit vielen Jahren die Frage um, wie es angesichts sinkender Zahlen an Katholiken und geringer werdender finanzieller Mittel weitergehen soll. Aus einem intensiven Dialogprozess entstand im Jahre 2013 ein „Zukunftsbild", das in sieben Begriffen zusammenfasst, was eine Kirche und deren Mitglieder auszeichnen muss, damit sie auch in Zukunft noch die Menschen in unserer Gesellschaft erreichen kann.[18] Viele Gedanken, Wünsche und Forderungen unzähliger Katholiken sind in dieses Zukunftsbild eingegangen. Im Hintergrund steht die Einsicht, dass sich die katholische Kirche – und damit jede und jeder einzelne Gläubige – verändern muss.

Das ist keine neue Einsicht. Die gesamte Kirchengeschichte ist eine Veränderungsgeschichte. Aber vielleicht ist der Wandel in unserer hochmodernen Zeit besonders radikal – und deshalb auch sehr schwer. Religion wird nicht mehr mit jenem Automatismus übernommen, wie das in einer vergangenen Gesellschaft der Fall war, in der die sozialen Milieus bestimmten, wonach der einzelne Mensch sein Leben ausrichtete. Lebensorientierungen, gemeinsame Werte und ganz besonders die Religiosität sind heute eine Frage der persönlichen Einsicht und Überzeugung. Das ist der eigentliche Grund, weshalb die Kirchen in Deutschland in den letzten Jahrzehnten unter einem massiven Mitgliederschwund leiden. Die überkommene Gestalt der Volkskirche hat es unter diesen gesellschaftlichen Rahmenbedingungen schwer – ihre Bedeutung schwindet kontinuierlich.

Das Zukunftsbild will angesichts dieser gewaltigen Herausforderung aufzeigen, wie Christen und wie die Kirche als Ganzes im Bistum Essen dieser Herausforderung begegnen können. Es ist nicht harmlos, sondern fordert jeden einzelnen Katholiken heraus und stellt den gegenwärtigen Zustand der Kirche auf allen Ebenen in Frage. Es stellt vor allem klar, dass „die Kirche" nicht eine ferne Institution ist, die der einzelne Christ wie ein Zuschauer oder „Kunde" betrachtet. Nein: Die Kirche der Zukunft lebt von den einzelnen getauften Christen und ihrer Bereitschaft Verantwortung zu übernehmen – und von der Bereitschaft der „Profis" in der Kirche, allen Christen diese Verantwortung zukommen zu lassen. So wird die Kirche vor allem als eine offene Gemeinschaft verstanden, die sich allen Menschen unterschiedslos zuwendet – weil dies auch dem Auftrag Jesu entspricht.

Die folgenden Texte beschreiben exemplarisch, was die Begriffe des Zukunftsbildes sehr praktisch bedeuten und welche Sprengkraft in ihnen verborgen ist. Sie betreffen jeden einzelnen in seinem persönlichen Leben, aber genauso jeden Bereich der „offiziellen" Kirche. Dazu kommen dann weitere Texte, die sich mit der gegenwärtigen Situation der Kirche beschäftigen: Beobachtungen und Einschätzungen, vor allem aber Ermutigungen zur Veränderung.

| Berührt

„Können Sie mir einen Tipp geben, wo ich sonntags zur Kirche gehen kann?" Die Frau, die mir diese Frage stellt, bringt mich in Verlegenheit. Bei uns im Ruhrgebiet gibt es sonntags natürlich jede Menge Gottesdienste. Aber sie sucht nicht irgendeinen. „Ich bin schon in so vielen Kirchen gewesen", sagt sie, „aber überall ist nur Wüste, nichts, was mich wirklich berührt!"

Vielleicht geht es manchen von Ihnen ähnlich: Sie besuchen einen Gottesdienst und verstehen nur Bahnhof: eine Sprache aus fernen Zeiten, hohle Floskeln, veraltete Riten. „Einfach nur langweilig", sagen viele. Kein Wunder, wenn die Kirchen sonntags leer sind.

Die Frau, die mich um einen Kirchen-Tipp bittet, ist traurig. „Überall nur Wüste!" – Was herrscht hier für eine Sehnsucht! Ich erlebe das bei vielen Menschen, die unzufrieden mit der Kirche sind. Sie suchen etwas,

aber nicht das, was sie meist vorfinden. Sie möchten keine hohlen Worte, sondern echten Trost. Erfahrungen, die die Hoffnung wecken, dass es mehr gibt als all das, was wir im Alltag sehen. Die Hoffnung, dass es Gott wirklich gibt.

Innerhalb wie außerhalb unserer Kirchen wird in den letzten Jahren viel diskutiert und gestritten. Bei uns im Bistum Essen tun wir das in einem „Dialogprozess". Ohne Tabus soll da gerungen werden um die Zukunft der katholischen Kirche. Natürlich geht es immer wieder um die üblichen Themen: Zölibat, Frauenpriestertum und Finanzen.

Aber irgendwann gelangt fast jede Diskussion an einen Punkt, der ans Eingemachte geht. Folgende Fragen stehen dabei im Zentrum: Worum geht es eigentlich wirklich? Warum ist mir Kirche wichtig? Was bedeutet mir der Glaube an Gott? Was hat er mit mir zu tun?

Wenn Gespräche an diesen Punkt angelangen, wird klar, dass vieles, worüber wir so viel streiten können, gar nicht so wichtig ist. Es geht um viel mehr. Es geht um etwas sehr Persönliches: Woran glaube ich, worauf setze ich im Leben – und zwar auch dann, wenn ich völlig am Ende bin?

In den Diskussionen in unserem Bistum Essen hat sich ein Zukunftsbild herauskristallisiert, eine Vision, die mit sieben Worten auf den Punkt bringt, was uns wichtig ist. An erster Stelle steht das Wort „berührt". Eine Religion macht keinen Sinn, wenn sie nicht berührt. Es geht darum, in der Seele von etwas berührt zu werden, was mich wirklich trägt. Es geht darum, mit Gott in Berührung zu kommen.

Nur deshalb gibt es Kirche. Alles, was bei uns in der Kirche geschieht, soll diesem Ziel dienen. Deshalb reden wir jetzt häufiger darüber, wie das geht – mit Gott in Berührung zu kommen. Plötzlich erzählen manche von sich und davon, wie ihr Glaube sie im Leben trägt. Sie erzählen vom Beten, von religiösen Gefühlen, von der Bedeutung der Bibel in ihrem Leben. Und sie reden davon, woran es in unseren Gottesdiensten mangelt und was hilft, sie attraktiver zu gestalten. Es geht darum, was jeder einzelne von uns Christen tun kann, damit durch uns etwas von Gott spürbar wird: durch unsere Freundlichkeit, durch unsere innere Ruhe, durch unser echtes Interesse an anderen Menschen. Vielleicht entstehen so wieder ein paar mehr Kirchenorte, die für viele Menschen ein Tipp werden: weil man da berührt wird, tief in Herz und Seele.

| Nah und gesendet

Die Stimmung in der katholischen Kirche ist nicht gut. Bei uns im Bistum Essen auch deshalb, weil seit 2005 fast hundert Kirchen schließen mussten – das Geld und auch die Gläubigen fehlen, um sie auf Dauer zu erhalten. „Die Kirche zieht sich zurück", klagen viele.

Ja, es stimmt: Die Kirche, wie wir sie in unserer Gesellschaft kennen, zieht sich zurück. Gemeinden werden zusammengelegt, Einrichtungen geschlossen, Gebäude aufgegeben. Auch das hauptberufliche Personal verringert sich. Prognosen sagen, dass im Bistum Essen bis zum Jahr 2030 die Zahl der Seelsorgerinnen und Seelsorger um die Hälfte zurückgehen wird.

Und trotzdem haben wir in unserem Zukunftsbild das Wort „nah" zu einem der sieben Leitworte für die Zukunft unserer Kirche gemacht. Völlig paradox: Die Kirchen-Organisation schrumpft – und doch will sie nah bei den Menschen sein. Wie soll das gehen? Das Essener Zukunftsbild behauptet: Das geht! Wörtlich heißt es: „Wir sind da, wo sich das Leben abspielt. Nicht überall stehen Kirchen und arbeiten Hauptberufliche, aber überall wirken Getaufte!"

Der Satz hat es in sich: „Überall wirken Getaufte!" Im Bistum Essen sind das weit über 850 000 katholisch Getaufte, in ganz Nordrhein-Westfalen über 7 Millionen. In allen christlichen Konfessionen dürften es doppelt so viele sein. Was für ein Potential!

Aber da muss man erst mal drauf kommen, dass diese Millionen von Menschen „die Kirche" sind. Genauso hat sich das aber der Gründer der Kirche gedacht: Jesus Christus wollte keine passiven Mitglieder für seine

Bewegung, sondern Menschen, die ihm aus Überzeugung nachfolgen; Menschen, die leben, was er gelehrt hat – mitten im Alltag, wo immer sie gerade leben.

Die meisten denken heute: „Die Kirche" – das sind „die Hauptberuflichen", „die Pfarrer", „die Bischöfe", „der Papst", vielleicht noch die über-engagierten Ehrenamtlichen. Aber die breite Masse der Getauften sind Kirchen-"Besucher", die ab und zu mal mitmachen und vor allem Kirchensteuern zahlen.

„Du bewegst Kirche", lautet der Slogan, mit dem wir im Bistum Essen für unser Zukunftsbild werben, einer Vision für eine veränderte Kirche. „Du", damit ist jede und jeder Getaufte gemeint. Die Taufe ist eine Erlaubnis und ein Auftrag, etwas zu bewegen. Ein Leitwort aus dem Zukunftsbild spricht davon, dass Christen „gesendet" sind, von Jesus Christus selbst. Sie wurden ausgeschickt in die Welt, um anderen zu zeigen, wie wichtig und hilfreich der Glaube an diesen Jesus ist.

So gesehen zieht sich die Kirche nicht zurück, jedenfalls nicht, solange es Menschen gibt, die aus Überzeugung Christen sind. Vielleicht sind Sie ja selbst getauft, egal, ob katholisch oder evangelisch. Vielleicht tun Sie deshalb in Ihrem Alltag viel Gutes, sind geprägt von einer christlichen Erziehung. Haben Sie Mut, dazu zu stehen und Ihren Mitmenschen zu zeigen, woraus Sie leben, was Sie motiviert, was Ihnen Kraft gibt – und was für unsere Gesellschaft wichtig ist. Ganz bestimmt finden Sie auch Gleichgesinnte – die ebenfalls Christen sind und sich nur nicht trauen, dazu zu stehen. Mit Ihnen allen steht und fällt die Kirche.

| Wirksam

Uns Kirchenleuten weht ein eisiger Wind ins Gesicht: immer wieder neue Skandale, die für Empörung sorgen. „Wird Zeit, dass der ganze Spuk abgeschafft wird", so oder ähnlich lauten Kommentare in Internet-Foren, Blogs oder Leserbriefen. Ein Jugendlicher hat mir vor einiger Zeit mal gesagt: „Religion ist überflüssig, die bringt doch sowieso niemandem was!"

Wenn ich derart scharfe Töne gegen Kirchen und Religion höre, dann fordere ich die Kritiker gerne zu einem Gedankenexperiment auf: Lasst uns das mal durchspielen, was ihr verlangt. Wir schaffen die Kirchen einfach ab. Schluss mit allem. Alle Kirchen werden abgerissen, alle kirchlichen Einrichtungen aufgegeben, dem Staat überlassen oder privatisiert. Statt der Kirchensteuer gibt es eine Sozialsteuer, damit wird dann aufgefangen, was an sozialen Dingen gesichert werden muss.

Von Gott wird auch nicht mehr geredet und mit ihm schon gar nicht. Bringt ja sowieso nichts. Unsere Kinder und Jugendlichen sollen davor bewahrt bleiben. Das Hier und Jetzt ist wichtig. Es gibt nur dieses Leben und diese Welt. Und irgendwie muss jeder zusehen, wie er das Beste daraus macht.

Krankheit, Leid, Sterben und Tod – nicht zu ändern, muss halt jeder selbst mit klarkommen. Schluss auch mit allen christlichen Feiertagen, mit allem kulturellen Zeugs, das mit Kirche zu tun hat. Aber bitte konsequent: kein Weihnachten, kein Ostern, nichts davon. Alle musikalischen Aufführungen, die christliche oder sonstige religiöse Botschaften enthalten, fallen weg. Der Sonntag wird auch abgeschafft. Ach ja, Karneval hat irgendwie auch christliche Wurzeln. Na, das überlegen wir uns noch mal.

Religion bringt nichts? Kirche ist überflüssig? Ich bin da als Kirchenmann natürlich nicht objektiv. Aber beim Nachdenken darüber, was wäre, wenn nichts mehr übrig bliebe von Kirche und Christentum, werde ich mir immer sicherer, dass uns allen ganz viel fehlen würde.

Ich habe letztes Jahr eine junge Frau erlebt, die tatsächlich mit Kirche und Glauben radikal Schluss gemacht hatte, aus guten Gründen: Heftige Schicksalsschläge hatten sie getroffen – erst starb ihr Vater, kurz darauf ihr Bruder. Gott bringt nichts, das war ihre Erfahrung. Kirche und Religion sind nicht zu gebrauchen, wenn es drauf ankommt. Sie hat das ein paar Jahre durchgehalten, bis sie merkte: „Ich finde keine Alternative. Ich lebe oberflächlich vor mich hin. Ich habe keinen Halt, keine Orientierung, verliere Kraft. Und ich werde einsam." Sie entdeckte den christlichen Glauben für sich neu, als Halt und Kraft in einer unsicheren Welt und einem unsicheren Leben. Gott ist kein Zauberer; er nimmt uns das Leid im Leben nicht ab. Aber er hilft, es zu tragen. Und er gibt eine Perspektive über all das hinaus, was wir sehen und greifen können. Deshalb hat sich die junge Frau neu für den Glauben und für die Kirche entschieden und sie strahlt dabei etwas aus, nämlich eine große Gelassenheit und innere Kraft. Der wiedergefundene Glaube zeigt bei ihr Wirkung.

Im Zukunftsbild des Bistums Essen heißt eines der sieben Leitworte „wirksam": Christen – und mit ihnen die Kirchen – sind wirksam, weil sie an Gott glauben, der wirksam ist. Deshalb strahlen sie etwas aus, haben Kraft und tun etwas. Sie prägen die Gesellschaft, setzen sich für andere ein und helfen so gut sie können.

Kirchenkritiker sollten das wissen und wahrnehmen. Und wir Christen sollten darauf achten, dass wir tatsächlich wirksam sind – und dass wir Gott trauen, der in uns und durch uns wirkt.

| Vielfältig

„Herr Bischof, meinen Sie das eigentlich ernst?" Diese Frage muss sich der Essener Bischof in letzter Zeit häufiger stellen lassen. Im Zukunftsbild des Ruhrbistums hat er unterschrieben, dass er sich eine „vielfältige" Kirche wünscht. Wörtlich sagt er: „Wir haben Lust auf die Vielfalt der Leute. Wir schätzen die freie Selbstbestimmung der Menschen und die Vielfalt der Lebensentwürfe!" Das unterschreibt ein katholischer Bischof? Ja, er hat es getan, nach langem Nachdenken und doch aus Überzeugung.

Viele Diskussionen hat es in unserem Bistum Essen in den letzten Jahren gegeben. Der Bischof war oft mittendrin. Es gab keine Tabus, auch das, was in der katholischen Kirche umstritten ist, kam auf den Tisch: Moral, Beziehungsleben und die Gleichberechtigung der Frau.

Ganz besonders erinnere ich mich an eine atemberaubende Diskussion mit 300 Leuten zur Sexualität. Selten habe ich erlebt, dass derart offen und einfühlsam darüber geredet und einander zugehört wurde.

Am Ende herrschte große Nachdenklichkeit: Nein, die alten Werte der Kirche sind gar nicht umstritten. Es geht ja um den Schutz der Liebe, um die Achtsamkeit in Beziehungen. Denn wo Menschen sich nahe kommen, da verletzen sie sich schnell. Aber Menschen sind unterschiedlich, jede und jeder hat seine eigene Geschichte, seine eigenen Sehnsüchte. Deshalb muss er seinen eigenen Weg suchen, ausprobieren und ringen – auch in der Liebe, auch in der Sexualität. Das sollte nicht leichtfertig, sondern um der Liebe willen geschehen.

Der Bischof und mit ihm viele in unserer Kirche begreifen, dass die Zeiten vorbei sind, in denen Menschen sich in allen Lebensbereichen nach einem einheitlichen Maßstab zu richten haben. Nach dem Motto: So und nicht anders geht richtiges Leben. Wahrscheinlich ging das noch nie. Wer weiß, was in vergangenen Zeiten unter der Oberfläche alles erlebt und erlitten wurde? In unserer gegenwärtigen freiheitlichen, pluralen und hochmodernen Gesellschaft ist das Leben zudem noch wesentlich komplexer und vielfältiger geworden.

Aber all das ist nicht schlimm, im Gegenteil: Vielfalt ist etwas Kostbares. Gott hat uns Menschen genauso erschaffen. Keiner gleicht dem anderen. Jeder Fingerabdruck der Milliarden Menschen auf dieser Erde ist anders. Die Kunst ist nur: Wie gelingt es uns, mit und in dieser Vielfalt zu leben, ohne einander zu schaden? Die Freiheit des Einzelnen kann nicht grenzenlos sein, weil sie die Freiheit des Anderen respektieren muss. Gott will, dass jeder in seiner Einzigartigkeit lebt und dass niemand ausgegrenzt wird, weil er anders ist. Also müssen wir miteinander suchen und ringen, wie es gehen kann, miteinander zu leben – und in der Vielfalt auch das zu finden, was uns verbindet.

Das will unser Bischof. Und das wollen viele Katholiken. Dazu gehört erst einmal eine große Offenheit und das Eingeständnis, nicht schon alles im Voraus zu wissen. Unsere christliche Tradition birgt die Lebensweisheit von 2000 Jahren in sich. Sie vertraut dabei auf Gottes Geist. Dieser Geist wirkt auch in der Gegenwart, also auch in der Lebensweisheit der Menschen, die heute existieren, und die oft anders denken und leben, als das früher der Fall war. Die Weisheit von gestern und die Weisheit von heute werden uns helfen, dass die Vielfalt unter uns Menschen keine Last ist, sondern ein Reichtum, der uns gut leben lässt.

| Lernend

Paul und Hanna sind ein besonderes Liebespaar, denn sie sind nicht verheiratet, obwohl die beiden schon viele Jahre zusammen sind. Hanna hat keine Lust auf Hochzeit, sie findet sie zu bürgerlich. Bekannte fragen sich, wie ernst es den beiden eigentlich miteinander ist. Sie gehen ja auch ihre eigenen Wege, aber sie bleiben beieinander. Kurz vor der Rente wird Paul schwer krank. Er wird zum Pflegefall und Hanna tut alles, damit er zu Hause bleiben kann. Eines Tages geht es nicht mehr. Paul erkrankt an Demenz und weiß nicht mehr, was er tut. Und seine Hanna erkennt er nicht mehr.

Traurig klingt diese Geschichte. Aber für mich ist sie wunderbar, sie hat mich angerührt, als ich Hanna kennenlernte. Was für eine Liebe! Wie sie von der Pflege ihres Lebensgefährten erzählte: ein Liebesakt, voller Intimität und Dichte. Die Liebe hörte auch nicht auf, als Paul sie nicht mehr erkennt. Wenn Hanna ihn besucht, spielt sie auf dem Klavier seine Lieblingsmusik, die erkennt er. Und dann singt er dazu.

Mich hat diese Liebesgeschichte tief beeindruckt – und beschämt. Wir predigen in unserer Kirche viel von der Liebe. Zuweilen wird sie bei uns mit ganz viel Glauben und Moral aufgeladen: Mann und Frau müssen verheiratet und sich lebenslang treu sein. Sie sollen sich an eine ganze Reihe von Regeln halten. Wem das nicht gelingt, der riskiert Probleme. Wer beispielsweise zum zweiten Mal heiraten will, riskiert seinen Job, wenn er bei uns arbeitet. Genauso ergeht es dem, der gar nicht heiraten will und trotzdem als Paar zusammenlebt. Inzwischen verstehen das auch die meisten Katholiken in unserem Land nicht mehr. Das ergab eine Befragung zu diesen und anderen Themen, die Papst Franziskus weltweit angestoßen hatte. Viele Menschen wünschen sich, dass sich Haltungen und Auffassungen in unserer Kirche weiterentwickeln und dabei die konkreten Menschen und ihre Geschichten berücksichtigen.

Von Paul und Hanna und ihrer Geschichte lerne ich, dass Liebe mehr ist als das, was moralische Regeln und Gesetze aussagen können. Ich lerne, vorsichtig zu sein im Urteilen: Die Liebe ist ein Geheimnis, das nur denen gehört, die sich lieben – und denen sie davon etwas zeigen wollen. Niemand hat das Recht, über die Liebe von Menschen zu urteilen.

Im Zukunftsbild der katholischen Kirche im Bistum Essen lautet eines der sieben Leitworte: „lernend". Manchmal erweckt unsere Kirche den Eindruck, als wisse sie alles. Auch einzelne Christen glauben oft, den richtigen Standpunkt schon klar zu vertreten. Wer aber ins Leben der Menschen hineinschaut, der merkt schnell: So einfach ist das nicht. Deshalb fragt Papst Franziskus auch sehr genau nach, wie die Menschen in aller Welt eigentlich denken über die Liebe und das Leben in Beziehungen, in der Familie. Vielleicht erfährt er dadurch auch von Lebens- und Liebesgeschichten wie der von Paul und Hanna. Das ist wichtig, denn das, was die Kirche sagt und lehrt, muss mit dem Leben konkreter Menschen zu tun haben.

Dietrich Bonhoeffer hat vor über 70 Jahren provozierend gesagt: *„Die Kirche darf keine Prinzipien verkündigen, die immer wahr sind, sondern nur Gebote, die heute wahr sind. Denn ‚was immer' wahr ist, ist gerade ‚heute' nicht wahr: Gott ist uns ‚immer' gerade ‚heute' Gott."*[19] Das ist auch heute noch ein neues und ungewohntes Denken in unseren Kirchen. Es braucht Zeit und kostet Auseinandersetzung – aber so ist das, wenn man ein lernender Mensch und eine lernende Kirche sein will.

„Kann ich Sie mal sprechen?" Seit Jahren kenne ich den Mann aus den Gottesdiensten, er ist freundlich und aufgeschlossen. Hier und da haben wir mal ein paar Worte gewechselt. Jetzt aber will er in Ruhe reden. Was ich von ihm erfahre, ist heftig. Er fährt viele Kilometer zu unserem Gottesdienst. Wo er Zuhause ist, da kann er nicht mehr zur Kirche gehen. Mit seiner Familie ist einiges schief gelaufen. Ganz offen packt er aus. Und ich verstehe ihn gut. Zuhause versteht ihn keiner. Da sehen die Menschen nur die Oberfläche, denken sich ihren Teil – und tratschen.

In den vielen Jahren, in denen ich als Seelsorger tätig bin, habe ich schon oft hinter die Fassaden von Menschen schauen dürfen. Unglaublich, welche Päckchen und Pakete manche Leute mit sich herumschleppen. Oft wissen nur wenige andere davon, manchmal auch niemand.

Was wissen wir schon voneinander? Von dem Mann, der sich mir mit seiner Geschichte offen zeigte, hatte ich ein relativ „harmloses" Bild. Alles ist in Ordnung bei dem, dachte ich. Er ist ein ausgeglichener, zufriedener Kerl. Von wegen: Er hat eine tragische Lebensgeschichte und durchlebt Konflikte, die furchtbar kompliziert sind – und nicht wirklich lösbar. Von außen ist das alles kaum zu verstehen, aber bei einem tieferen Einblick wird alles nachvollziehbar und verständlich. Es ist wie bei jedem Menschen: Alles was wir tun, hat doch seine Gründe. Jeder von uns ist in ganz komplizierte und oft auch tragische Lebensgeschichten eingebunden.

Es macht mich zornig, wenn ich erlebe, wie leichtfertig manche Leute über andere urteilen. Das geschieht nicht nur in den Medien. Ich bin ehrlich: Auch ich bin schnell dabei, wenn über andere geredet wird, die irgendwie auffällig sind. Und ich erschrecke, wenn ich wieder einmal gar nicht mitbekommen habe, wie es einem anderen wirklich geht.

Eines der sieben Leitworte im Zukunftsbild der katholischen Kirche im Bistum Essen lautet „wach": Christen sollen einen „wachen Blick für die Wirklichkeiten" haben und „aufmerksam" sein „für alle Menschen, die mit uns leben", so heißt es da.

„Wach sein" – das bedeutet: nicht dem ersten Blick trauen, nicht an der Oberfläche bleiben, nicht voreilig einschätzen und urteilen! Sondern aufmerksam hinhören, hinschauen und versuchen, zu verstehen. Danach zeigt sich, was zu tun ist, was die Menschen wirklich brauchen und was für sie passt.

„Gott legt in diese Welt eine Spur seiner Gegenwart hinein", heißt es im Text des Zukunftsbildes. Christsein bedeutet deshalb, „in der Welt zu sein, neugierig zu leben, Spuren zu lesen." In jedem Menschen kommt mir Gott entgegen, mal als liebende Zuwendung, mal als herausfordernde Provokation und – vielleicht häufiger als ich ahne – als Hilferuf. Deshalb ist es so wichtig, wach und aufmerksam zu sein für die Welt um mich herum, für die Menschen und ihre Geschichten, für das, was in unserer Gesellschaft passiert. Christen leben nicht für sich allein hinter Kirchenmauern, sondern im wachen und aufmerksamen Kontakt mit der Welt, in der sie leben.

| Wahr oder unwahr – richtig oder falsch?

Es ging zur Sache an diesem Abend: Eine Tageszeitung hatte mich zu einer Diskussion über „Kirche, Macht und Geld" eingeladen. Als Generalvikar stand und stehe ich gerne Rede und Antwort. Schnell merkte ich: Hier sitzen nicht gerade Kirchenfreunde. Alle möglichen Vorwürfe und Vorurteile flogen mir um die Ohren, so zum Beispiel, dass die Kirche ein Inbegriff von Machtbesessenheit und Geldgier sei. Ich versuchte, zu erklären und zu vermitteln.

Irgendwann war ich genervt: „Glauben Sie ernsthaft, wir horten bei uns Millionenbeträge einfach so im Keller, um unsere Füße darauf zu legen?", fragte ich ins Publikum. Geraune und Gejohle schlug mir entgegen. „Ja, genau das glauben wir", so deutete ich die Reaktionen.

Dieser Abend hatte mich erschreckt. Kritik an den Kirchen kenne ich ja. Viele Jahre habe ich mit jungen Menschen gearbeitet, da bekommt man als katholischer Priester so einiges zu hören. Aber hier erlebte ich eine solche Rundum-Ablehnung, die schon fast an Kirchenhass grenzte. Der Tenor vieler Äußerungen war: „Du kannst hier erklären was du willst, wir glauben dir nichts! Die Kirche ist ein Lügengebilde! Sie gehört abgeschafft!"

Zwei Tage später berichtete die Zeitung von diesem Abend. Ich kam in dem Artikel ganz gut weg. Ein paar Zitate vermitteln das Bild eines Kirchenvertreters, der seine eigene Kirche auch selbstkritisch sieht. Prompt erreichten mich Attacken von ganz anderer Seite. „Sie stellen wohl die ewig gültigen Wahrheiten der römisch-katholischen Kirche in Frage", polterte einer per Twitter. Jemand anderes forderte meinen Bischof auf, mich aus dem Amt zu jagen. Diejenigen, die sich so oder ähnlich gerne lautstark zu Wort melden, halten sich für „richtige" Katholiken. Ich bin es für sie wohl nicht. Der Tenor ihrer Äußerungen: „Was du sagst, darfst du nicht sagen!"

Mich erschrecken solche extremen Kritiken immer mehr. Sie sind in ihren Urteilen kompromisslos festgelegt und lassen nur eine Sicht der Dinge zu. Sie sind aufgeladen mit einer heftigen Aggressivität. Ein geheimer Wunsch scheint sie zu kennzeichnen: Die andere Seite der Wirklichkeit, die andere Perspektive kann und darf nicht sein! Nur meine Sichtweise hat Berechtigung!

Das ist übrigens keineswegs nur bei Kirchenthemen so. Auf dem Podium saß ich mit einem Politiker, der zu mir nach der Veranstaltung sagte: „Sie glauben gar nicht, was wir Politiker so alles erleben!" Und ob ich das glaube! Ein Blick ins Internet genügt, um zu sehen, wie da gewettert und abgeurteilt wird. Lauter Rechthaber scheinen da unterwegs zu sein, die alles genau zu wissen meinen – und jedem anderen absprechen, vertrauenswürdig und wahrhaftig zu sein.

Mir macht das Angst. Was wird sein, wenn sich die Haltung durchsetzt, dass nur meine Wahrheit zählt – und die aller anderen nicht?

Was wird sein, wenn niemand mehr bereit ist, Perspektiven zu wechseln, sich in seinen Sichtweisen korrigieren zu lassen? Ich habe Angst vor einer Welt, in der es nur eine Wahrheit geben darf, in der am Ende nur die einen richtig, alle anderen aber falsch sind.

Gott lässt seine Sonne aufgehen über Gute und Böse, und er lässt es regnen über Gerechte und Ungerechte, hat Jesus einmal gesagt.[20] Gott hält nicht nur Vielfalt, sondern auch Gegensätze unter den Menschen aus. Er hat freie Menschen geschaffen – und freie Menschen entwickeln sich vielfältig, manchmal auch gegensätzlich. Das macht das Zusammenleben nicht einfach, aber eine bessere Alternative gibt es nicht.

| "Mission is possible"
Der Hl. Ludgerus ermutigt zu einem missionarischen Christsein

Manche religiösen Bräuche wirken heute wie aus fernen Zeiten: Alljährlich sind beispielsweise unzählige Menschen im südlichen Essener Stadtteil Werden unterwegs, um einen „Sarg" durch die Straßen zu tragen. Er enthält die sterblichen Überreste eines Heiligen, der vor mehr als 1200 Jahren verstorben ist: Ludgerus, einer der großen Missionare in Nordrhein-Westfalen, erster Bischof von Münster und Klostergründer in Essen-Werden.

Natürlich ist sein „Sarg" kein einfacher „Sarg", sondern ein kostbarer Schrein. Alljährlich im September wird er aus der Krypta der Werdener Basilika empor geholt und in einer festlichen Prozession durch den Stadtteil getragen.

Zugegeben, ich frage mich: Wirkt eine solche Prozession zu Ehren eines Heiligen aus längst vergangenen Tagen nicht unmodern? Was denken kirchenferne Leute am Straßenrand, wenn sie das sehen: Glockengeläut und Kirchengesänge, fromme Pilger und kirchliche Würdenträger, die in ihren Gewändern durch den Ort schreiten. Und mittendrin die Träger mit dem prunkvollen Schrein? Erstaunlich, dass es so etwas heute noch gibt.

Von dem alten Heiligen scheint eine unbändige Kraft auszugehen. 1200 Jahre ruht der Heilige Ludgerus nun schon in seinem Grab – und immer noch gibt es Menschen, die für sein Andenken auf die Straße gehen. Kraft hat Ludgerus tatsächlich gehabt und mit ihm die vielen anderen christlichen Missionare, die im frühen Mittelalter unsere Heimat mit einer „Revolution" überzogen. „Revolution"? Ob sich die Prozessionsteilnehmer in Essen-Werden bewusst sind, dass sie einen Revolutionär begleiten?

Ludgerus, im Jahre 742 in der Nähe von Utrecht geboren, entstammte einer friesischen Adelsfamilie. Eine Begegnung mit dem berühmten Missionar Bonifatius legte bei ihm wohl die Grundlage für sein Lebensideal: auch jemand zu sein, der den Glauben an Jesus Christus verbreitet, und zwar dort, wo er so gut wie gar nicht bekannt ist. Das war damals in unserer Heimat der Fall. Den germanischen Volksstämmen war Jesus Christus völlig fremd. Ihr Denken und Fühlen war Lichtjahre von dem entfernt, was das Christentum ausmacht.

Deshalb waren die christlichen Missionare tatsächlich Revolutionäre. Denn sie krempelten eine ganze Gesellschaft um: ihre Lebensvorstellungen, Haltungen und innersten Überzeugungen. Ludgerus gehörte dazu. Nachdem er in England studiert hatte und in Köln zum Priester geweiht worden war, war er als Missionar in Friesland und bei den Sachsen unterwegs, lebte zwischenzeitlich in Rom und wurde schließlich der erste Bischof von Münster. Mit ihm und vielen anderen begann damals christliches und kirchliches Leben in unserer Region – ohne sie sähe unsere Umgebung heute völlig anders aus.

Für uns heute ist es unvorstellbar, wie unsere germanischen Vorfahren lebten und woran sie glaubten. Sie fühlten sich willkürlichen Mächten ausgeliefert; zahlreichen unberechenbaren Göttern, vor denen man sich nur fürchten konnte. An der Spitze stand Wotan – sein Name allein steht schon für seine Gesinnung, denn er bedeutet „Wut". Er und die anderen

Götter sorgten für Unruhe, Gewalt und Krieg. Sie verlangten Opfer, um gewogen gestimmt zu werden.

Das waren widrige Bedingungen für das Christentum. Denn bei den Germanen zählten Götter nur dann, wenn sie im Krieg zum Sieg verhalfen. Es galt das Recht des Stärkeren. So etwas wie die „Würde des einzelnen Menschen" gab es nicht. Pure Emotion bestimmte das Verhalten, eine Ethik wie wir sie heute kennen war fremd, Rachedenken galt als normal, und ein Menschenleben galt nicht viel.

Es war wirklich eine Revolution, als es Ludgerus und vielen anderen gelang, das Evangelium von Jesus Christus trotzdem zu verkünden. Einfach war das nicht. Es gab Rückschläge. Ludgerus musste sich zwischenzeitlich aus Friesland zurückziehen, um nicht umgebracht zu werden. Die Missionsarbeit war ein langer Prozess, aber am Ende hatten die Missionare ganze Gesellschaften für einen völlig anderen Glauben und ein ganz anderes Leben gewonnen.

Ludgerus und alle Missionare waren Weltveränderer; weil der Glaube, für den sie standen, eine Sprengkraft hat, die verändert. Das sollten alle wissen, die sie verehren. Und auch die, denen die Verehrung der alten Heiligen „verstaubt" erscheint.

„Tradition ist die Weitergabe des Feuers und nicht die Anbetung der Asche", heißt es in einem berühmten Wort, das in verschiedenen Varianten Theologen und Philosophen zugesprochen wird. Ja, es geht um ein Feuer, um eine Begeisterung, die das Herz berührt. Das Neue, das die christliche Religion damals mitbrachte, war die Berührung des einzelnen Menschen. Aus innerer Überzeugung sollte er Christ werden, weil die Botschaft überzeugend war und ist: Nicht angsteinflößende, gewaltbereite Mächte bestimmen das Leben, sondern ein liebender Gott. Die Liebe hielt Einzug, so gut es eben ging in einer Welt, die bis dahin völlig anders geprägt war. So veränderte sich damals das Leben in unserem Land. Es entwickelte sich eine neue, menschenfreundliche Kultur, die zur Grundlage unseres heutigen Europas wurde.

Ob bei der Verehrung unserer großen Heiligen vom Feuer ihrer Zeiten noch etwas zu spüren ist? Ich bin mir nicht sicher. In unseren Kirchen wird zwar gerne vom „Feuer" des Glaubens gesprochen, aber meist gilt doch das, was der Dichterpfarrer Lothar Zenetti einmal provokant ausgedrückt hat:

Der Pfarrer auf der Kanzel vergleicht den Geist Gottes
mit Sturm und Feuer. Aber keine Angst:
In den Kirchenbänken bleibt alles ruhig.[21]

Nein, ruhig darf es gerade nicht bleiben, wenn Christen heute mit ihren großen Missionaren in Berührung kommen. Es darf überhaupt nicht ruhig bleiben, wenn Christen Gottesdienst feiern.

Vielleicht ist das sogar das eigentliche Problem der Kirchen: Es geht kein Feuer mehr von ihnen aus; keine Begeisterung, die die Menschen entflammt. Im Gegenteil: Eine Studie hat vor ein paar Jahren erforscht, wie junge Menschen über Katholiken denken. Das Ergebnis ist fatal: Katholiken haben den Ruf, langsam und langweilig zu sein. Sie halten am liebsten am Gewohnten fest, bleiben unter sich und wirken eher unbeweglich.

Ich fürchte, an diesem Eindruck ist viel Wahres dran: Revolutionär geht es in unseren Kirchenkreisen nun wirklich nicht zu. Eine Kabarettistin brachte das mal treffend auf den Punkt: Der häufigste Veranstaltungstitel in kirchlichen Pfarrnachrichten, so fand sie heraus, lautet: „Gemütliches Beisammensein".

Aber mit der Gemütlichkeit geht es zu Ende: In den letzten Jahrzehnten haben sich immer mehr Menschen von unseren Kirchen entfernt. Jetzt hat das Konsequenzen, weil das Geld nicht mehr reicht. Kirchen werden geschlossen, Gemeinden schrumpfen vor sich hin. Vielleicht werden wir Christen jetzt zu einer Revolution der eigenen Art gezwungen: Wir müssen uns verändern, wenn wir in dieser Gesellschaft noch eine Zukunft haben wollen.

Es geht um die Weitergabe eines Feuers, nicht um die Anbetung von Asche. In unseren Kirchen wird derzeit viel getrauert über das, was alles nicht mehr geht und was ausstirbt. Das mag verständlich sein und braucht Raum. Aber trotzdem darf das Feuer nicht aus dem Blick geraten. Auch wenn Geld, Gebäude, bezahltes Personal und so manche Tradition zu Asche werden – Gott selbst, das Evangelium Jesu Christi und die Kraft des Glaubens bleiben doch als lebendiges Feuer bestehen!

Ludgerus verstand sein Leben als Unterwegssein in der Fremde. In einer Welt, in der Jesus Christus unbekannt war, wollte er leben und seinen Glauben bezeugen. Wie sehr muss dieser Mann von seinem Glauben an Christus erfüllt gewesen sein? Es muss ein wahres Feuer gewesen sein, das in ihm flackerte.

Ein solches Feuer brauchen wir Christen heute: ein Wissen darüber, was der Glaube mir ganz persönlich bedeutet; eine Überzeugung davon, dass der Glaube an den Gott, der mich liebt, eine Kraftquelle ist; eine Begeisterung für das Denken und die Lebensweise, die ich von Jesus Christus lernen kann; eine Zuversicht und eine optimistische Lebenshaltung, die mich nach vorne treibt.

Wenn ein solches Feuer in mir brennt, lebe ich erst einmal für mich selbst zufriedener. Ich brauche auch keine Angst zu haben vor den Veränderungen meiner äußerlichen Kirche, denn ich lebe aus dem Vertrauen in Gott. Und dann stecke ich vielleicht andere Menschen an, die das Feuer in mir spüren. So wird etwas weitergehen; wenn vielleicht auch anders als bisher. Aber eine Revolution führt ja auch nicht zurück in die Vergangenheit, sondern nach vorn - auch die Revolution des Glaubens.

Geschichten aus der Bibel – für das Leben geschrieben

„Warum erzählt ihr im Radio nicht mehr von eurer eigentlichen Botschaft?" Ich habe diese Forderung mehrfach ausgerechnet von Verantwortlichen aus den Rundfunkanstalten gehört. Vielen von ihnen gefallen nämlich die Beiträge aus den Kirchen nicht besonders. Sie beklagen, dass da viel zu oft nur banale Lebensweisheiten zum Besten gegeben werden, gesellschaftspolitische Statements zu hören sind oder kircheninterne Themen abgehandelt werden. Zurecht weisen sie daraufhin, dass die Sendezeiten, die den Kirchen zur Verfügung stehen, einzig und allein der Glaubensverkündigung zu dienen haben. „Erzählt also von eurem Glauben! Erzählt die Geschichten aus eurer Bibel und erklärt, was sie euch bedeuten und was die Zuhörenden damit vielleicht anfangen können!"

Mich hat diese Aufforderung beschämt und ermutigt: Ja, es ist doch manchmal so, dass wir Christen uns gar nicht mehr trauen, von den Wurzeln unseres Glaubens zu reden, von Jesus und von den Geschichten, die uns von ihm überliefert sind. Die folgenden Texte sind Versuche, biblische Texte Menschen von heute zu vermitteln.

| Fernseh-Fasten

„Sieben Wochen ohne" ist ein bekannter Slogan für die Zeit vor Ostern. Immer mehr Menschen entdecken damit die Fastenzeit neu - als Chance auszuprobieren, „ohne" etwas zu leben, was scheinbar ganz dringend zum Alltag gehört.

In einer Fastenzeit habe ich für mich eine Entdeckung gemacht. Sie hat mit einer Marotte zu tun, die mich ärgert. Ich „klebe" abends vor dem Fernsehe fest. Da schaue ich die Tagesschau oder den Tatort – und dann komme ich nicht los. Mit der Fernbedienung zappe ich von „Kerner" zur

Dokumentation, in die „Mitternachtsspitzen", in eine Musikshow, und, und, und. Am Ende bleibt Frust: Ich habe überall reingeschaut, aber nichts wirklich gesehen. Viel zu spät ist es wieder geworden. Selbst zum Beten bin ich zu müde.

So war ich es am Aschermittwoch vor einigen Jahren leid. Ich zog alle Kabel. Sieben Wochen ohne Fernsehen! Endlich einmal diese Marotte loslassen. Anfangs war es noch schwierig, aber nach ein paar Tagen genoss ich es. Ich hatte plötzlich mehr freie Zeit: zum Lesen, zum Telefonieren, zum Joggen, zum Musikhören und – zum Beten. Es tat mir gut!

Verzichten ist kein Verlustgeschäft. Es bietet eine schöne neue Erfahrung: Indem ich etwas lasse, gewinne ich auch etwas. Das ist also Fastenzeit. Es geht um das Loslassen, eine Fähigkeit, die häufig verloren geht. Haben- und Besitzenwollen ist in unserer Zeit meist wichtiger: immer mehr haben, immer mehr Leute kennenlernen, immer mehr leisten, immer mehr Geld verdienen, immer mehr action erleben. Da sagt die Fastenzeit: Halt mal an! Lass auch mal etwas los!

Das ist die Aufforderung, mit der Jesus seine ersten Jünger findet.[22] Simon, Andreas, Jakobus und Johannes heißen sie, die Fischer vom See Genezareth. Sie lieben ihre Heimat, ihren Beruf, ihren Vater. Und doch sorgt ein einziger Satz Jesu für eine radikale Veränderung:
„Kommt her, folgt mir nach!"
Und was passierte?
Sogleich ließen sie ihre Netze liegen und folgten ihm.
Und wenig später reagieren auch Jakobus und Johannes:
Sofort rief Jesus sie, und sie ließen ihren Vater Zebedäus mit seinen Tagelöhnern im Boot zurück und folgten Jesus nach.

Atemberaubend, wie sich diese Männer von Jesus locken ließen. Ein ganzes Stück ihres Lebens ließen sie los. Sie spürten: Mit diesem Jesus gibt es viel zu gewinnen. Vielleicht reicht es in der Fastenzeit für Sie und für mich, ein paar kleine Dinge loszulassen. Das wäre schon viel.

| „Lasst ihn weggehen!"

Ein unerträglicher Gestank dringt aus der Höhle. Gerade haben die Männer den schweren Stein vom Eingang weggerollt. Vier Tage ist es her, seit der Leichnam hier abgelegt wurde. Die Menschen am Höhleneingang halten sich die Nase zu. Jesus wagt sich fast hinein. Er ruft:
„Lazarus, komm heraus!"

Diese dramatische Geschichte aus dem Johannesevangelium[23] ist voller Emotionen. Sie zeigt einen Jesus, der Freunde hat, die er besonders liebt. Lazarus gehört dazu mit seinen beiden Schwestern Maria und Marta. Nicht nur der Tod seines Freundes, auch die tiefe Trauer der Schwestern und Dorfbewohner berühren ihn. Er ist, so berichtet der Evangelist, „im Innersten erregt und erschüttert".

Die Menschen sind verzweifelt. Maria klagt:
„Herr, wärst du hier gewesen, dann wäre mein Bruder nicht gestorben!"
Einer aus dem Dorf fragt:
„Hätte er nicht verhindern können, dass dieser hier starb?"

Es scheint, als würden diese unterschwelligen Vorwürfe Jesus herausfordern. Es wirkt so, als wolle er es allen zeigen: Lazarus, komm heraus!
Da kam der Verstorbene heraus; seine Füße und Hände waren mit Binden umwickelt, und sein Gesicht war mit einem Schweißtuch verhüllt.

Die Sensation ist perfekt – ein Wunder! Gleich müssen Jubelstürme losbrechen, die Menschen auf Lazarus zustürmen. Aber die Geschichte geht ganz anders zu Ende. Jesus stellt sich zwischen Lazarus und die vielen Menschen und sagt etwas Verblüffendes:
„Löst ihm die Binden und lasst ihn weggehen!"

„Lasst ihn weggehen!" Ein merkwürdiger Satz – und gerade deshalb der Schlüssel dafür, diese Geschichte zu verstehen. Jesus macht nichts rückgängig, was geschehen ist. Er weckt Lazarus nicht auf, damit er wieder in dieses irdische Leben zurückkehrt. Nein, seine Verwandten und Freunde sollen begreifen, dass er in ein neues Leben bei Gott hineingeht.

Das ist eine Ermutigung zum Loslassen: Ich kann in diesem Leben nichts festhalten – und das Leben als Ganzes schon gar nicht. Immer wieder stehe ich vor Abschieden, Verlusten, Niederlagen. Ich klammere mich, wie die Schwestern des Lazarus, an das Schöne und Kostbare. Aber das Klammern ist auch eine Versuchung. Erstarrung droht, wenn ich Abschied nicht zulassen kann. Darum muss ich das Loslassen üben. Und ich ahne: Wenn mir das gelingt, geschieht tatsächlich Auferstehung – schon vor dem Tod.

| „Lasst uns anderswohin gehen"

Die kleine Stadt ist in Aufruhr: Eine alte Frau ist von schwerem Fieber gepackt, dem Tode nahe. Und plötzlich verschwindet das Fieber - von nur einem kurzen Moment zum nächsten. Eine Berührung hat gereicht.

Der Aufruhr fand in Kafarnaum statt, jener kleinen Stadt in Israel, in der Jesus von Nazareth eine Zeit lang gelebt hat.[24] Seine Wunder lösten eine fast schon hysterische Begeisterung aus:

Am Abend, als die Sonne untergegangen war, brachte man alle Kranken und Besessenen zu Jesus. Die ganze Stadt war vor der Haustür versammelt. Und er heilte viele, die an allen möglichen Krankheiten litten

Die Menschenmassen waren nicht aufzuhalten. Selbst mitten in der Nacht findet Jesus kaum Zeit für sich allein.

Simon und seine Begleiter eilten ihm nach und als sie ihn fanden, sagten sie zu ihm: „Alle suchen dich!"

„Alle suchen dich" – Was für ein Druck wird hier aufgebaut! Ich kenne die Gefühlslage, wenn „alle" etwas von mir wollen. Der Tag ist mit Terminen verplant, und da ruft jemand an und sucht ein Gespräch in persönlicher Not. Eine Mitarbeiterin weiß nicht weiter und braucht meinen Rat – möglichst sofort. Mein Chef will einen Bericht über die Situation der Jugendarbeit. Und dann warten noch etliche E-Mails auf Beantwortung – möglichst zügig. Unbearbeitete Dinge liegen auf dem

Schreibtisch – längst überfällig. Ach ja, Freunde und Bekannte klagen, dass ich mich viel zu selten melde. Und ich selbst bin auch noch da mit meinen Wünschen. Alle suchen mich. Und am liebsten würde ich es allen recht machen.

Wie reagierte Jesus in seiner solchen Drucksituation? Seine Antwort auf das vorwurfsvolle „Alle suchen dich!" ist erstaunlich:
„Lasst uns anderswohin gehen, in die benachbarten Dörfer,
damit ich auch dort predige; denn dazu bin ich gekommen!"

Jesus sagt klar, wozu er da ist und wozu nicht. Er ist nicht da, um es allen Menschen recht zu machen. Er ist kein Wunderheiler, der Menschen mit Sensationen einfangen will. Er will predigen und von Gott erzählen. Denn an Gott sollen die Menschen glauben, nicht an Wunder und Sensationen.

Ich frage mich, wozu ich da bin, was meine mir eigene Aufgabe ist, in meinem Leben, ganz konkret heute. Von Jesus lerne ich, mir das nicht allein von anderen sagen zu lassen, vom Druck der Situation, von der Hektik des Tages. Manchmal ist es wichtig, all das loszulassen, was mich unter Druck setzt. Jesus entzieht sich, geht weg von allen, die etwas von ihm wollen, damit er wieder spüren kann, was er selbst will. Fastenzeit heißt, Abstand zu suchen von dem, was mich drängt und fordert. Damit ich nicht ein Leben im Laufrad führe, nur von anderen bestimmt, ständig unter Druck. Ich will loslassen, um wieder zu spüren, wozu ich eigentlich lebe und was Gott aus meinem Leben machen will.

| „Steck das Schwert in die Scheide!"

Es gibt ein Handgemenge im Garten Getsemani: Jesus, von Judas verraten, wird von Soldaten verhaftet. Seine Jünger wollen das in letzter Minute doch noch verhindern. Petrus zieht sein Schwert, stürzt auf einen Diener des Hohenpriesters und schlägt ihm das rechte Ohr ab.[25] Jesus geht sofort dazwischen: *„Steck das Schwert in die Scheide! Der Kelch, den mir der Vater gegeben hat, soll ich ihn nicht trinken?"*

Es ist ein urmenschlicher Konflikt, der dieser berühmten Szene aus der Leidensgeschichte Jesu zu Grunde liegt. Auf der einen Seite ist da der Drang, einem bösen Schicksal die Stirn zu bieten; dem zu widerstehen, was mich bedrängt. Und auf der anderen Seite die Ahnung, dass es Dinge gibt, die wie ein Schicksal für mich bestimmt sind, die ich anzunehmen habe, weil sie nicht zu ändern sind.

Dietrich Bonhoeffer, der berühmte evangelische Pfarrer, bezog sich im Widerstand gegen die Nationalsozialisten auf dieses Bibelwort: „Steck das Schwert in die Scheide!". Er war der Auffassung, dass dieser Satz für Christen eine bleibende Gültigkeit habe und dass es dennoch Situationen gebe, in denen Christen ihn übertreten und daran schuldig werden müssen. Und das aus einem wichtigen Grund: Nicht zu widerstehen würde eine noch größere Schuld bedeuten. Hinter diesen Gedanken steckt ein urmenschlicher Konflikt, den Bonhoeffer während seiner Gefängnisjahre in wunderbare Worte gekleidet hat:

„Ich habe mir hier oft Gedanken darüber gemacht, wo die Grenzen zwischen dem notwendigen Widerstand gegen das ‚Schicksal' und der ebenso notwendigen Ergebung liegen. [...] Ich glaube, wir müssen dem ‚Schicksal' ebenso entschlossen entgegentreten wie uns ihm zu gegebener Zeit unterwerfen. Die Grenzen zwischen Widerstand und Ergebung sind also prinzipiell nicht zu bestimmen; aber es muss beides da sein und beides mit Entschlossenheit ergriffen werden. Der Glaube fordert dieses bewegliche, lebendige Handeln." [26]

Ich habe Respekt vor Petrus, der es wagte, zum Schwert zu greifen. Mir fehlt meist der Mut, zu meinem Zorn zu stehen. Angeblich gehört er sich für Christen nicht. Nett sollen wir sein, uns zurücknehmen. Aber selbst Jesus war nicht immer nett und zurückhaltend. Bekannt ist vor allem sein Wutausbruch gegen die Geschäftemacher im Tempel. Ich brauche also nicht alles hinzunehmen und über mich ergehen zu lassen. Ich darf, ich muss sogar Widerstand leisten.

Aber genauso bewundere ich Jesus für seinen Befehl, das Schwert in die Scheide zu stecken. Es gibt Situationen und Momente, in denen das

Ankämpfen gegen unwiderrufliche Entwicklungen keinen Sinn macht. Es gibt einen Widerstand, der verschlingt nur Kraft – Kraft, die mir fehlt, um mich der unausweichlichen Wirklichkeit zu stellen. Gott gibt uns im Leben bestimmte „Kelche", damit wir sie trinken. Sie schmecken nicht und ihr Sinn ist vielleicht nicht nachvollziehbar, aber sie müssen getrunken werden.

Das Schwert in die Scheide zu stecken, vom Widerstand zur Ergebung zu finden – das ist auch ein Loslassen, zu dem mich der Glaube an Gott einlädt. Manchmal ist das schon bei den kleinen Übeln des Alltags eine große Herausforderung: wenn ich gegen bestimmte Arbeiten ankämpfe, gegen Unarten einzelner Menschen, gegen meine eigenen Schwächen und Unzulänglichkeiten. Dann sagt mir das Wort Jesu: Lass das Schwert los, das du gegen dich oder andere richtest. Lass los, und nimm' hin, was nicht zu ändern ist und zu deinem Leben gehört. Wer weiß, wofür es gut ist.

| Lasst eure Vorurteile und Lebensregeln los!

Hinter vorgehaltener Hand wurde schon viel getuschelt. Ein Fresser und Säufer sei er. Mit den unmöglichsten Leuten treffe er sich. Jetzt sieht der Pharisäer Simon es mit eigenen Augen: Mit einer Prostituierten gibt er sich ab, dabei ist er doch ein geladener Gast bei seinem Festmahl.[27] Ein Skandal! Das Wort „Prostituierte" steht so zwar nicht im biblischen Text, aber es deutet doch vieles darauf hin. Der Evangelist Lukas spricht von einer „Sünderin, die in der Stadt lebte". Sie war plötzlich da und pirschte sich von hinten an Jesus heran. Simon weiß sofort, wer sie ist: *„Wenn er wirklich ein Prophet wäre, müsste er wissen, was das für eine Frau ist, von der er sich berühren lässt; er wüsste, dass sie eine Sünderin ist!"*

Eine Frau, der man die „Sünde" ansieht? Man braucht nicht viel Fantasie, um sich vorzustellen, wie sie ausgesehen haben mag. Es ist übrigens kein Einzelfall, dass Jesus solchen Menschen vorbehaltlos begegnete, die anderen suspekt waren.

„Sie kam mit einem Alabastergefäß voll wohlriechendem Öl und trat von hinten an Jesus heran. Dabei weinte sie, und ihre Tränen fielen auf seine Füße. Sie trocknete seine Füße mit ihrem Haar, küsste sie und salbte sie mit dem Öl."

Die Frau wollte nur bei Jesus sein. Sie wusste, dass er Menschen so sah und annahm, wie sie waren. Er sah mehr als die äußere Fassade. Und er dachte nicht in den Kategorien der üblichen Vorurteile. Das wollte diese Frau einfach nur genießen; und ihre Tränen laufen lassen über das ihr auferlegte Leben.

So ist Jesus. Er löst sich von den Normen und Regeln, die Menschen fesseln und die da lauten:

- So und nicht anders ist dieser oder jene Mensch: zu dick, zu dünn – zu konservativ, zu progressiv – ein cooler Typ, ein ewiger Langweiler - Festgelegt auf ein Bild, ein Muster, ein Urteil. Und darum behandle ich ihn so und nicht anders, jetzt und immer.
- So und nicht anders sind meine eigenen Verhaltensregeln und Lebensmuster: „Man" benimmt sich, ist höflich, geht nicht zu viel aus sich heraus. Ein Leben nach dem Prinzip: Das haben wir immer schon so gemacht! Festgelegt von meiner Familie, meiner Kirche, meinen gesellschaftlichen Kreisen.

Diese engen Regeln und Muster loszulassen, dazu ermutigt Jesus. Das Leben ist viel zu kompliziert, um es allein nach einfachen und ewigen Regeln und Maßstäben zu beurteilen. Was weiß ich denn schon wirklich von dem Menschen, über den ich ein Urteil fälle? Und wie komme ich dazu, in jeder Situation genau zu wissen, was richtig oder falsch ist? Als der Pharisäer Simon Jesus Vorwürfe machen will, dreht dieser den Spieß um. „Nein", sagt er, „die Frau tut nichts Unrechtes. Sie zeigt einfach nur Liebe." Simon dagegen trägt Misstrauen und Vorurteile in sich. Für Jesus kein Zeichen von Liebe.

Am Ende der Geschichte bestätigt Jesus: Dieser Frau sind ihre Sünden längst vergeben – und zwar deshalb, weil sie einfach daran glauben kann, dass Jesus anders ist als alle Menschen. Er hält nicht an Urteilen fest. Das zu glauben, tut gut, befreit und erlöst. Die Tränen der Frau bezeugen das. Es tut gut, unsere festgelegten Verhaltensmuster und Denkschablonen loszulassen. Das ist nicht leicht. Auch Simon gelang das in der damaligen Situation nicht. Aber es liegt eine Chance darin, diese Art des Loslassens zu üben – und einen Menschen und sogar mich selbst einmal ganz anders zu sehen.

| „Nehmt nichts mit auf euren Weg!"

Jeden Morgen gerate ich in Stress. Habe ich an alles gedacht, was für den heutigen Tag wichtig ist: alle Unterlagen und Papiere eingepackt, genug Geld, den Kamm für zwischendurch? Noch schlimmer ist es, wenn ich für ein paar Tage aufbreche: Gut, dass mein Auto einen Kofferraum hat. Viel zu viel packe ich ein, um für alle Fälle gerüstet zu sein.

Vielleicht kennen Sie ja auch diese Marotte. Sie hat etwas Zwanghaftes: Bloß kein Risiko eingehen! Es könnte ja ein Problem werden, wenn mir irgendetwas fehlt! Besser immer auf Nummer sicher gehen! Alte Freunde von mir machen sich lustig über meine Marotte. Sie wissen, dass ich manchmal das genaue Gegenteil predige. Aus meinen Pfadfinderzeiten kenne ich noch die Leitlinie vom „Leben mit leichtem Gepäck". Sie beruht auf einem Wort Jesu, das er einmal seinen Jüngern gesagt hat. Sie standen vor einem Aufbruch. In fremde Städte und Ortschaften sollten sie gehen, um seine Botschaft zu verkünden. Ihnen gebot er:

„Nehmt nichts mit auf den Weg, keinen Wanderstab und keine Vorratstasche, kein Brot, kein Geld und kein zweites Hemd!"[28]

Es ist ein Bibelwort, das mich fasziniert und provoziert. Ich weiß ja, wie spannend es sein kann, im Leben nicht so viel zu planen und stattdessen mehr zu riskieren. In meiner pfadfinderischen Jugend waren es die schönsten Abenteuer, wenn wir nur mit dem Rucksack unterwegs waren. Oft hatten wir nicht geplant, wo wir abends unterkommen wollten. Und immer fanden wir freundliche Gastgeber, die uns mal in Scheunen, mal in richtigen Betten beherbergten. Es lohnte sich, dem Wort Jesu zu folgen.

Je älter ich werde, desto mehr neige ich zu Sicherheit und Bequemlichkeit. Aber dann und wann riskiere ich es doch noch mal, mit dem Rucksack unterwegs zu sein: bei mehrtägigen Bergtouren, vor ein paar Jahren auch auf einer abenteuerlichen Reise durch Rumänien. Solche Reisen halten Erfahrungen bereit, die es nur auf diesem Weg gibt: überraschende Begegnungen, wechselnde Landschaften, vielfältige Erlebnisse und spannende Grenzerfahrungen.

Vielleicht war Jesus das damals bewusst: Wer offen und risikofreudig durch das Leben geht, lebt intensiver. Er lehrte auch, was es heißt, zu vertrauen – und das Leben und die Menschen auf sich zukommen zu lassen.

Nie werde ich vergessen, als ich während einer Bergwanderung mit Freunden in Südeuropa erst am späten Abend ein kleines Dorf erreichte. Wir hatten Angst, nirgendwo mehr sicher unterzukommen. Ein älterer Mann öffnete uns die Tür. Mit seiner Familie saß er beim Abendessen. Alles wirkte recht ärmlich. Mit Händen und Füßen redeten wir. Es war tief berührend, als die Familie ihr Abendessen mit uns teilte, uns ein Zimmer zurecht machte, damit wir halbwegs gut schlafen konnten. Eine überraschende Gastfreundschaft, die uns fast schon beschämte.

Gott hält große Erfahrungen bereit, wenn ich ihm und dem Leben etwas mehr zutraue.

| Vom Aufbrechen und Bleiben

Aufbrechen ist schwer – gerade dann, wenn man sich in der Gemütlichkeit des gegenwärtigen Ortes eingerichtet hat. Mir ist das Aufbrechen als kleines Kind schon schwer gefallen. Wenn ich von meinen Eltern weg sollte, dann brach ich in Protestgeschrei aus. Mein erster Krankenhausaufenthalt als Fünfjähriger war eine Herausforderung für alle Beteiligten. Bloß nicht weg von dem, was vertraut ist. Bloß nicht hinaus in die Fremde.

Etwas davon spüre ich auch als Erwachsener noch. Dann, wenn Abschiede dran sind, wenn ich vertraute Menschen loslassen muss, wenn ein beruflicher Wechsel auch meine Umgebung verändert. Aber Gott sei Dank habe ich in meinem Leben ja auch die Lust am Aufbruch und an der Veränderung entdeckt und mir erarbeitet: Damals, als ich als junger Mann das Elternhaus verließ, meinen Beruf fand und als Priester begeistert davon bin, immer wieder neue Herausforderungen angehen zu dürfen.

Und doch ist immer beides da: Hier die Lust am Aufbruch und an der Veränderung – und dort die Schwermut, die doch lieber bleiben und alles beim Alten belassen möchte. Es ist ein Konflikt in unserer Seele, der sich da abspielt.

Ich verstehe ihn etwas besser durch die Geschichte vom Vater und seinen beiden Söhnen. Jesus erzählt sie im Lukasevangelium.[29] Den einen Sohn, den Jüngeren, drängt es zum Aufbruch. Er will hinaus in die Welt, weg vom Hof des Vaters. Er sucht im wahrsten Sinn des Wortes „das Weite", das Leben in all seinen Facetten. „Zügellos" lebt er, heißt es. Er riskiert alles. Den gesamten Erbteil seines Vaters gibt er aus – und steht am Ende mit leeren Händen da.

Der andere der beiden Brüder lebt das Gegenteil: Er bleibt daheim. Von Aufbruch will er nichts wissen. Er ist zufrieden mit dem Status Quo. Er weiß, was er in seinem Vaterhaus hat: Arbeit, Geld, Sicherheit. Nur: Wirklich zufrieden ist er auch nicht. Als nach langer Zeit sein Bruder wieder vor der Tür steht, bricht seine ganze Wut und sein Neid aus ihm heraus. Die beiden ungleichen Brüder sind die zwei Seiten, die in der Seele eines jeden Menschen zu finden sind. Hier das Bedürfnis nach Sicherheit, nach Stabilität und Geborgenheit. Und dort die Sehnsucht nach dem Neuen, die Lust, sich zu verändern, etwas zu erleben und zu riskieren.

Ein unlösbarer Widerspruch? Im Gleichnis Jesu nicht. Der Vater lässt nämlich beides zu: Er unterstützt den Aufbruch des einen; und ist froh, dass der andere bleibt. Es gibt nicht den besseren und den schlechteren Sohn; es gibt nicht die richtige und die falsche Alternative. Ich brauche beides im Leben: Die Fähigkeit, aufzubrechen und die Fähigkeit, zu bleiben. Die Kraft, mich zu verändern, wenn es an der Zeit ist. Und die Kraft, mich zu binden und Verantwortung zu übernehmen, wenn es dran ist.

Das eine geht nicht ohne das andere. Nur wer im Leben das Aufbrechen lernt, kann ankommen. Kein Mensch findet sich selbst, seine Identität, seinen Beruf, seine Lebensform, seine Partnerin oder seinen Partner, wenn er nicht gelernt hat, sich im Leben weg zu bewegen – weg vom Elternhaus, weg von eingefahrenen Lebensmustern, weg aus Situationen, die Stillstand bedeuten.

So schwer also im Leben die Aufbrüche und Veränderungen manchmal auch sein mögen - sie sind doch wichtig und kostbar. Die Aufbrüche helfen, um im Leben anzukommen – dort, wo zur jeweiligen Zeit mein Platz ist.

Karneval und Fastenzeit

Es sind Tage der größten Gegensätze: Ein verlängertes Wochenende zum Höhepunkt des Karnevals – und dann folgen abrupt die ernsten Tage der Fastenzeit. Vielen Menschen ist um den Rosenmontag herum gar nicht bewusst, wie sehr die Karnevalstage mit dem Christentum verbunden sind – und wie wichtig im Christentum die Balance von Lebensfreude und zurückhaltender Einkehr doch ist. Die folgenden Beiträge entstanden für diese ganz besondere Woche.

| Du brauchst Lockerheit!

Fassungslos schauten mich meine Kölner Kollegen an: Eine Arbeitssitzung hatte ich am Rosenmontag – bei meinem Bischof. Unfassbar – selbst in den höchsten Etagen der Kölner katholischen Kirche. Sie wollten mich bemitleiden wegen meines offensichtlich völlig humorlosen Bischofs. Aber dann entglitten ihnen die Gesichtszüge vollends, als ich ehrlicherweise zugab: „Ich habe den Termin selbst vorgeschlagen."

Ich gebe zu, das war starker Tobak für Karnevalisten. Aber ich bin halt Westfale, genauer: Sauerländer. Da gibt es zwar auch Karnevalisten, aber noch viel lieber feiern wir unsere Schützenfeste. Und in meiner jetzigen Heimat, dem Ruhrgebiet, besteht – bei allem Respekt vor den Karnevalisten hier – keine ernsthafte Gefahr, als Sauerländer noch zum Narren zu werden.

Trotzdem: Die Fassungslosigkeit meiner Kölner Kollegen hat mich nachdenklich gemacht. „Könnt ihr denn nicht auch einfach mal den lieben Gott einen guten Mann sein lassen?", fragten mich ihre Gesichtszüge. Man muss schließlich nicht Rheinländer sein, um das Leben in diesen Tagen – und nicht nur dann – immer mal wieder mit etwas mehr Lockerheit zu betrachten.

Mich erinnert das an einen guten Rat, den mir Freunde gegeben

haben, als ich eine neue verantwortungsvolle Aufgabe in meiner Kirche übernommen habe: „Bleib locker", hatten sie gesagt, „und vergiss nicht, du musst deine Kirche nicht retten – und schon gar nicht die Welt!" Das hatte mich sehr gerührt. Im Alltag ist die Versuchung groß, alles retten zu wollen, alles zu regeln und zu organisieren. „Vergiss es", sagen meine Freunde. „Alles schaffst du sowieso nicht und du musst das auch nicht. Der liebe Gott ist auch noch da!"

Das war es, was mich so berührt hatte: Das „Lockerbleiben" hat mit Glauben, mit geistlichem Leben zu tun. Christsein fängt dort an, wo ich ernsthaft damit rechne, dass Gott da ist, dass er gerade dort wirkt, wo ich an meine Grenzen komme.

Es ist kein Zufall, dass der Karneval in Gegenden entstanden ist, die vom Glauben an Gott geprägt waren. Menschen, die mit Gott rechnen, können das Leben einfach lockerer sehen. Sie können auch lustvoll feiern und den Alltag mal an die Seite schieben.

Wenn ich also in den Karnevalstagen die Narren erlebe, dann lasse ich mich durch sie an den Rat meiner Freunde erinnern: „Bleib locker!" Und seitdem achte ich darauf, dass es am Rosenmontag keine Sitzungen mehr mit meinem Bischof gibt.

| Rosenmontag – ein Tag der Freiheit

Am Rosenmontag teilt sich die Nation: Die einen feiern, die anderen flüchten – und der Rest tut so, als wäre das ein normaler Tag. Ist er aber nicht. Auch nicht für einen Kirchenmann wie mich. Denn es ist die „fünfte Jahreszeit", eine Zeit, die es eigentlich nicht gibt – irgendwie Feiertag, aber nicht so richtig. Es ist ein Tag, der alle Ordnungen sprengt.

Nicht leicht, an so einem Tag die richtigen Worte zu finden. Soll ich karnevalistisch daher kommen? „Um Himmel's Willen!", werden die einen denken: „Haltet die Kirche von dem närrischen Wahnsinn frei!"

Soll ich so tun, als wäre ein normaler Montag? „Typisch Kirche", werden die anderen murren: „Die sind so weltfremd, dass die vom Rosenmontag gar nichts mitbekommen!"

Also gut, dann vielleicht ein Mittelweg und eine sinnige Betrachtung über den Humor. „Oh Gott", werden wieder andere stöhnen: „Die von der Kirche verzwecken aber auch alles für ihre frommen Gedanken!"

Dieser Tag stürzt mich jedes Jahr in ein Dilemma, wie im richtigen Leben. Wenn ich mich im Rosenmontagstrubel gehen lasse, dann bremst mich mein Hinterkopf: „Pass auf, du bist katholischer Priester - und dazu noch von Geburt ein Sauerländer. Da ist man zurückhaltend!" Ziehe ich mich mit einem guten Buch und einem Kaffee auf mein Sofa zurück, komme ich mir wie ein alternder Kirchenmuffel vor: „Mann, was bist du langweilig!" Und wenn ich einfach ganz normal meiner Arbeit nachgehe? Das geht nicht lange gut. Wenn das halbe Land still steht, werde ich nicht lange arbeiten können.

Der Rosenmontag ist einfach ein Tag, der in keine Ordnung passt. Die fünfte Jahreszeit eben. Und das macht den Reiz dieses Tages aus: Ich muss mich mal nicht an Ordnungen halten. Es herrscht das Karnevalsprinzip! Heute darf ich aus der normalen Kleidung schlüpfen und mich so kleiden, wie ich es mag. Rosenmontag ist ein Tag der Freiheit!

Das ist gar nicht so unchristlich. Von dem Kirchenlehrer Augustinus stammen die Worte: „Liebe – und dann tue, was du willst!"[30] Wahrscheinlich wusste er schon vor 1600 Jahren, wie leicht wir Menschen uns an die Kette legen lassen. Überall lauern Regeln und Ordnungen, die uns sagen, was wir zu tun und zu lassen haben. Natürlich geht es im Leben nicht ohne Regeln. Gefährlich wird es nur, wenn wir dabei verlernen, dem eigenen Bedürfnis und Willen zu trauen. Da tun wir dann nur noch, was „man" so sagt, was „die Leute" denken. Mitten in einem freien Land laufen wir, ohne es zu merken, als Gefangene herum.

„Tue, was du willst!", sagte Augustinus. Wenn Liebe in dir ist, zu dir selbst, zu den Menschen, zu Gott - dann kannst du frei sein, ohne egoistisch drauflos zu leben.

Also lasse ich mir am Rosenmontag einen freien Tag schenken und bin gespannt, wohin er mich lockt. Vielleicht gehe ich feiern, vielleicht entspanne ich einfach – und vielleicht habe ich auch Lust auf etwas Arbeit. Und Sie? Wie auch immer Sie sich entscheiden – achten Sie auf Ihre Freiheit und tun Sie nichts, was Sie nicht wollen, und schon gar nichts, was gegen die Liebe ist.

| Fastnacht – die Nacht vor dem Fasten

Die meisten Narren im Land sind in der Fastnacht schwer verkatert. In einigen Orten tobt aber erst richtig der Bär – „Veilchendienstag" ist der Höhepunkt des Karnevals. Es hat seinen Grund. Manche Kalenderblätter wissen das. „Fastnacht" bedeutet im ursprünglichen Sinn: die Nacht vor dem Fasten. Aus dieser Nacht sind schon vor tausend Jahren in christlichen Gegenden die Vorläufer des Karnevals hervorgegangen.

Von wegen „heidnische Bräuche": Das karnevalistische Treiben hat mehr mit dem Christentum zu tun, als viele denken. Denn es ist untrennbar mit Aschermittwoch und der Fastenzeit verbunden. Forscher glauben, dass schon in früher Zeit ganz bewusst dem strengen Fasten ein üppiges Feiern gegenüber gestellt wurde.

Eine weise Entwicklung, finde ich: Das Leben lebt von seinen Gegensätzen. Vielleicht haben die Menschen damals gespürt, dass ihre Religion zu streng geraten war. Das Christentum ist hierfür ja bis in unsere Zeiten anfällig: Ältere Generationen können ein Lied davon singen. Noch in den 60er Jahren ging es in kirchlich geprägten Elternhäusern streng zur Sache. Zucht und Ordnung waren angesagt, das Leben in der freien Welt galt als gefährlich, überall lauerten moralische Gefahren. Kein Wunder, dass wir Kirchenleute bis heute in dem Ruf stehen, prüde und konservativ zu sein – unfähig, nach Herzenslust zu feiern.

Biblisch ist das nicht. Das Alte Testament ist voll von Bildern, die mit üppigen Feiern zu tun haben. Der Prophet Jesaja verspricht für den

Jüngsten Tag, an dem Gott alle Völker zusammenruft, ein Festmahl „mit den besten und feinsten Speisen, ein Gelage mit besten, erlesenen Weinen."[31] Gott ist kein Kind von Traurigkeit. Jesus hatte darum auch keine Hemmungen, bei Festen und Feiern mit von der Party zu sein. Im Gegenteil: Für ihn waren sie Zeichen von Begegnung, Nähe und Gemeinschaft.

Manche Leute hielten das nicht aus. „Fresser und Säufer"[32] nannten sie Jesus, einen „Freund der Sünder". Sie hatten Angst – vor Menschen, die anders waren. Angst vor einer weiten und offenen Religion und letztlich vor der ganzen Vielfalt des Lebens. Jesus war anders. Er grenzte nichts und niemanden aus. Er konnte sich in die Stille zurückziehen und am nächsten Tag mit allen Menschen feiern; er begegnete Gläubigen und Ungläubigen, Armen und Reichen; er genoss das Leben und stellte sich dem Leid, als es an der Zeit war.

Das Leben lebt von seinen Gegensätzen. Es braucht Strenge, Ordnung, Disziplin. Und es braucht das Einüben in den Verzicht, in Traurigkeit und Loslassen – weil das Leben uns nicht alle Wünsche erfüllt. Aber es braucht auch gelebte Lust und Freude, Essen, Trinken, Lachen und Begegnung. Wir sollen nicht einseitige, sondern „ganze" Menschen sein, die das Leben in seiner ganzen Bandbreite kennen, lieben und manchmal auch erleiden.

Das ist die Faszination des Lebens und unseres Kalenders: In der Fastnacht darf noch einmal kräftig gefeiert werden; ab Aschermittwoch geht es vierzig Tage ruhiger zu – um dann an Ostern Auferstehung zu feiern. Einseitig ist das Leben eines Christen nun wirklich nicht.

| Aschermittwoch – das Leben hat Grenzen

Was für ein harter Schnitt: Am Tag zuvor gab es noch Party ohne Ende – und nun das pure Gegenteil. Es ist Aschermittwoch, da kommt Katerstimmung doppelt und dreifach auf. Neben der Wehmut über das Ende

der Feiertage kommt noch die triste Botschaft dieses Tages: „Bedenke Mensch, du bist Staub, und zum Staub kehrst du zurück!"

Diesem schweren Satz begegnen am Aschermittwoch die Katholiken, die in ihren Kirchen das Aschenkreuz empfangen. Eine Erinnerung an die Wahrheit, die jeder Mensch gerne verdrängt: Ich bin vergänglich, alles in meinem Leben hat Grenzen.

Das ist das Gegenteil zum Prinzip der vergangenen Tage: „Meide den Kummer und meide den Schmerz! Lass doch die Sorgen zu Haus!". Nein, ab nun soll es heißen: „Stell dich der Wahrheit! Halte aus, was dein Leben schwer macht!" Statt mit bunter Schminke haben wir es mit grauschwarzem Staub zu tun. Macht das nicht depressiv? Ja, vielleicht, aber auf eine gesunde Art. Denn es gibt eine Art von Depression, die zu unserem Leben passt und die auch bewusst gelebt werden will.

Ich begegne ihr in Fastenzeiten. Für mich sind das Zeiten, in denen ich den Alltag frei räume, um mehr Zeit für mich selbst zu finden; Zeit für Stille und für das Nachdenken. Ideal sind dafür Exerzitien, wie das in kirchlicher Tradition heißt. Mehrere Tage der Stille in einem Kloster, abgeschieden vom üblichen Alltagsprogramm. Das ist Fastenzeit pur.

Da kann sie dann plötzlich auftauchen, diese depressive Stimmung. Sie zeigt mir, was ich im Alltag so nicht mitbekomme: dass mein Leben gar nicht so sicher ist, wie ich immer denke; dass ich gar nicht alles so gut im Griff habe. Ich spüre die Wahrheit des Aschermittwoch: Das Leben ist vergänglich, nicht planbar, nicht machbar. Alles vergeht und wird zu Staub.

Ja, das bedrückt – aber das ist nicht schlimm, denn es ist die Wahrheit. Und die hat etwas Gutes: Sie relativiert, was mir im alltäglichen Leben oft zu schaffen macht. Da sehe ich die vermeintlich riesigen Probleme in einem anderen Licht. Was hängt denn schon davon ab, ob diese oder jene Veranstaltung hundertprozentig gelingt? Und was rege ich mich auf, nur weil mein Computer nicht funktioniert? Ist das wichtig? Meine Maßstäbe verändern sich, wenn mir klar wird, wie begrenzt meine Lebenszeit ist.

Da wird mir anderes wichtiger: Menschen, die im Alltag oft zu kurz kommen, die Zeit für mich selbst, die Zeit für meinen Glauben. Denn wenn ich mein Leben selbst nicht im Griff haben kann, dann möchte ich mich doch der Hand eines anderen anvertrauen.

Als ich in einer persönlichen Sache einmal an meine Grenzen kam, fragte ich einen geistlichen Lehrer um Rat. „Ich weiß einfach nicht mehr, was ich machen soll", klagte ich. Er wusste das auch nicht, aber seinen Rat habe ich nicht vergessen: „Sie können auch nichts machen", meinte er. „Und darum übergeben Sie Ihre Ohnmacht an Gott. Sagen Sie ihm: Mach' du, Herr!" Das klang sehr einfach, aber es rührte mich. Ich dachte: „Der Mann glaubt das wirklich, was er sagt. Einen solchen Glauben hätte ich gern: dass ich Gott überlassen kann, was ich nicht schaffe."

Vielleicht brauche ich dafür die Erfahrung, vieles im Leben nicht selbst machen und schaffen zu können. Der Aschermittwoch ist so ein Tag, der mich daran erinnert, dass ich sehr begrenzt bin. Und damit weckt er bei mir die Sehnsucht nach einem, der da ist, wo ich am Ende bin – die Sehnsucht nach Gott.

| Der Mensch braucht lange zum Geborenwerden

Nutzen Sie die Fastenzeit für ein persönliches Vorhaben, um irgendeine Marotte loszuwerden? Weniger essen? Mal keinen Alkohol? Endlich das Rauchen aufgeben? Komisch, dass mir immer die gleichen Dinge einfallen, die ich gerne loswerden will. Ich werde wohl auch in diesem Jahr wieder versuchen, den Fernseher aus meinem Wohnzimmer zu verbannen. Und am besten kündige ich auch gleich meinen Internet-Anschluss. Das sind nämlich meine Marotten, die ich nicht loswerde: abends vor dem Fernseher zu versacken oder in den Weiten des Internets zu verschwinden.

Die Fastenzeit legt schonungslos offen, wie wir Menschen so sind: scheinbar unverbesserlich. Wir kennen unsere Fehler und Schwächen, wollen sie auch gerne korrigieren – und scheitern doch immer wieder

87

an uns selbst. Wie gut, dass es da jedes Jahr eine Fastenzeit gibt, um es neu zu versuchen. Trotzdem ist das frustrierend. Vor allem dann, wenn es nicht nur um die kleinen Marotten des Alltags geht. Es sind oft die großen Themen des Lebens, die wir nicht in den Griff bekommen. Vor einiger Zeit fiel mir eines meiner alten Tagebücher in die Hände. Gut siebzehn Jahre war es alt. Es war spannend, noch einmal darin zu blättern. Allerdings war ich auch verblüfft: Schon damals beschäftigte ich mich mit Fragen, an denen ich auch heute noch „knacke". Wie gehe ich um mit der Flut an Ansprüchen, die die Menschen an mich als Priester richten? Wie gehe ich damit um, dass ich gar nicht alles erfüllen kann und Menschen unweigerlich enttäusche? Wie finde ich ein privates Leben in meinem sehr öffentlichen Beruf? Wie komme ich klar mit meiner Lebensform, weil ich als katholischer Priester auf die Ehe verzichte? Wie sicher ist mein Glaube an Gott? Fragen über Fragen, die mich schon siebzehn Jahre beschäftigen – mal mehr, mal weniger.

Ich fürchte, sie werden mich noch länger beschäftigen. Von Freunden und Bekannten weiß ich, dass es ihnen nicht anders geht. Es gibt Dinge, damit werden wir im Leben nicht „fertig". In unseren Berufen bleiben wir Lernende; Ehepaare müssen auch nach vielen Jahren mühsame Beziehungsarbeit leisten. Wir sind als Menschen niemals „fertig". Natürlich träumen wir manchmal davon, am Ziel zu sein, Lebensprojekte abgeschlossen zu haben. Von Antoine de Saint-Exupéry, dem berühmten französischen Schriftsteller, habe ich einen ernüchternden Text gefunden:

„Ich sage dir: Es gibt keine göttliche Amnestie, die dir das Werden erspart. Du möchtest sein: Du wirst nur in Gott sein. Er wird dich in seine Scheune einbringen, nachdem du langsam durch deine Handlungen geworden und geknetet sein wirst; denn der Mensch braucht lange zum Geborenwerden."[33]

Der Mensch braucht lange zum Geborenwerden. Mich erinnern diese Sätze an ein Wort Jesu, der davon gesprochen hat, dass der Mensch nach seiner leiblichen Geburt noch einmal geboren werden müsse. Jesus meinte damit den Prozess, den ein Mensch durchlaufen muss, wenn er ein Christ werden will. Die Taufe symbolisiert diese zweite Geburt.

Wir Menschen müssen wachsen und werden, solange wir leben. Darauf macht mich die Fastenzeit aufmerksam, wenn sie mich daran erinnert, wie unvollkommen ich doch immer noch bin. Das entlastet. Und es schützt vor Hochmut. Ich bin nicht „fertig" – „denn der Mensch braucht lange zum Geborenwerden."

| Schuld und Fehler

Wer in der Fastenzeit einen katholischen Gottesdienst besucht, dem kann es passieren, dass er beim genauen Zuhören immer mehr im Erdboden versinkt. Die alten traditionellen Gebetstexte zur Fastenzeit vermitteln kein gutes Bild von uns Menschen: „Sünder" sind wir, den „Versuchungen dieser Welt" verfallen, von „trügerischen Freuden" verlockt, gefangen in „Gleichgültigkeit" und „Irrtum". Das Gewissen klagt uns an – und deshalb haben wir Buße und Zucht nötig. Eine „frohe Botschaft" hört sich wahrlich anders an.

Sind wir tatsächlich so schlechte Menschen? Wenn ich als Priester diese überlieferten Gebete zu sprechen habe, muss ich – zugegeben – innerlich oft schlucken. Ich will mir und anderen Menschen doch nicht ein so negatives Bild von sich selbst einreden lassen. So denkt doch heute niemand mehr von sich.

Und während ich das behaupte, komme ich ins Stutzen. So denkt heute niemand mehr von sich? Ich weiß doch von mir selbst, wie schnell mich ein schlechtes Gewissen plagt. Wie oft enttäusche ich Erwartungen: Ich kann nicht alle Wünsche erfüllen, weil mein Terminkalender begrenzt ist. Mir rutscht ein falsches Wort heraus, mit dem ich jemanden verletze. Ich predige, was Leuten nicht gefällt oder sie langweilt. Ich vergesse Aufgaben, mache Fehler, schätze Dinge falsch ein. Das kann mich schon mal in Krisen stürzen.

Ich bin da nicht allein. Und was ich da eben aufgezählt habe, sind noch „Peanuts" im Vergleich zu dem, was ich bei vielen Menschen an Schuldgefühlen mitbekomme. Da wird gelitten am Scheitern und Versagen: Beziehungen, die nicht gehalten haben; Brüche in Freundschaften und in Familien; Versäumnisse, wo man hätte helfen können und müssen; verpasste Gelegenheiten, um sich mit einem Menschen zu versöhnen; Entscheidungen, die anderen ernsthaft geschadet haben. Es sind gewaltige Lasten, die viele Menschen in ihrer Seele mit sich herumschleppen.

Vielleicht sind die alten Worte der Kirche doch nicht so falsch. Sie sprechen aus, was zum Tabu geworden ist: dass wir Menschen sind, die Fehler machen, oft sogar sehr schwere Fehler. Das „wir" ist dabei das Tabu. Andere Menschen werden gerne und schnell beschuldigt. Ich erlebe das im täglichen Tratsch: Es ist doch so leicht, über andere herzufallen, über Kollegen, Vorgesetzte, Nachbarn, Politiker. Im Moment entlastet das mich selbst, aber auf Dauer erhöht es auch den eigenen Druck. Denn ich weiß doch um meine eigene Schwäche und ahne: Die Strenge der vielen Urteile wird auch mich nicht verschonen.

Deshalb ist es gut, wenn die Kirche daran erinnert, unsere eigenen Fehler, Versäumnisse und Irrtümer zu sehen. Niemand kommt durch sein Leben, ohne schuldig zu werden. Es gibt also gute Gründe, im Leben immer mal wieder im Erdboden zu versinken, anstatt hochnäsig über dem Boden zu schweben. Es geht um eine gesunde Demut.

Das Wissen um die eigenen Fehler bewahrt davor, sich zum Richter über andere zu erheben. Jesus sagt: „Richtet nicht, dann werdet auch ihr nicht gerichtet werden. Verurteilt nicht, dann werdet auch ihr nicht verurteilt werden. Erlasst einander die Schuld, dann wird auch euch die Schuld erlassen werden!"[34]

Was so bedrückend klingt, wirkt am Ende befreiend: Wer Schuld und Fehler eingestehen kann, der wird zu einem demütigen und barmherzigen Menschen. Und solche Menschen, sagt Jesus, werden beschenkt - „in reichem, vollem, gehäuftem, überfließendem Maß"![35]

| Wüsten-Zeit

Wie auf einer Baustelle sah es in der Kirche aus, die junge Leute in Oberhausen vor ein paar Jahren in eine Wüste verwandelt hatten. Schubkarrenweise hatten sie den ganzen Boden mit Sand angefüllt. Sie machten sichtbar, was Fastenzeit bedeutet: 40 Tage in die Wüste gehen. Die kirchliche Fastenzeit hat tatsächlich ihren Ursprung in der Wüste. 40 Tage hat sich Jesus dort aufgehalten, berichtet die Bibel. Erst danach begannen seine öffentlichen Auftritte. Für Jesus war das also eine ganz entscheidende Zeit. Vielleicht ist er sich in diesen 40 Tagen erst klar darüber geworden, wer er eigentlich ist.

Fastenzeit ist also mehr als Fasten-Zeit. Es geht nicht nur darum, seine Ess- und Trinkgewohnheiten zu überprüfen oder ein paar unangenehme Gewohnheiten loszuwerden. Fastenzeit ist Wüsten-Zeit – und das bedeutet, ganz viel Abstand vom gewohnten Alltag zu nehmen. Im wahrsten Sinne des Wortes ist sie freie Zeit, um über mein eigenes Leben nachzudenken.

Das ist nicht unbedingt ein Vergnügen, wenn man so radikal in die Wüste geht, wie Jesus das getan hat. Im Markusevangelium[36] heißt es, er wurde dort „vom Satan in Versuchung geführt" und lebte mit den „wilden Tieren". So ist das in Zeiten des Alleinseins und der Einsamkeit, alles Mögliche steigt da aus den Tiefen unserer Seele auf: Fragen und Zweifel, längst vergessene Träume und Bedürfnisse, vergrabene Ängste, alte Verletzungen, verdrängter Ärger. Da gerät leicht alles in uns drunter und drüber.

Ist es deshalb also besser, erst gar nicht in die Wüste gehen? Ist es besser, bloß keine Langeweile im Leben aufkommen zu lassen, damit keine Leere entsteht? Mein Alltag - und wohl auch der Alltag vieler anderer Menschen – läuft nach diesem Prinzip ab: Jeder Tag ist ordentlich gefüllt mit Terminen, Pflichten und Aktivitäten – da bleibt keine Zeit, um zur Ruhe zu kommen. Vielleicht steckt ja auch eine verborgene Absicht dahinter: So merke ich auch gar nicht, welche „wilden Tiere" tief in mir schlummern.

Trotzdem bin ich dankbar, dass mich meine Religion daran erinnert, wie wichtig Wüsten-Zeiten dennoch im Leben sind. Ich gönne sie mir ab und zu, meist ganz unabhängig von der Fastenzeit. Dann ziehe ich mich aus dem Alltag zurück, um Exerzitien zu machen. So nennt sich das im Christentum, wenn Menschen unter fachkundiger Begleitung in die Stille gehen. Begleitung ist wichtig, wenn man das für längere Zeit macht. Denn das, was sich in solchen Zeiten in der Seele tut, kann einen allein schon mal überfordern. Da tut ein Mensch gut, der hilft, das innere Drunter und Drüber zu verstehen und zu sortieren.

Genau dafür sind solche Wüsten-Zeiten auch da: Sie helfen, mich selbst und mein Leben besser zu verstehen, Chaos zu ordnen und mir klarer zu werden, in welche Richtung mein Leben verlaufen soll.

Natürlich muss nicht jeder ins Kloster gehen, um Exerzitien zu machen. Wüsten-Zeiten tun auch gut, wenn ich sie mir selbst in meinen Alltag einbaue: einfach mal eine Viertelstunde mit mir allein sein, den Alltagsfluss unterbrechen, Tagebuch führen, in einer stillen Kirche sitzen. Es gibt viele Möglichkeiten.

Jesus ist auch nur ein einziges Mal 40 Tage in der Wüste gewesen. Im normalen Alltag aber hat er sich immer wieder kleine Zeiten des Rückzugs und des Gebets genommen. Das war, so glaube ich, das Geheimnis seiner Kraft und Klarheit. Sie und ich, wir könnten uns davon inspirieren lassen in diesen Wochen der Fastenzeit.

Leben mit dem Tod

Es ist schwer, über das Sterben und den Tod zu reden. Jede und jeder hat Angst davor. Darum liegt es nahe, dieses Thema im Alltag auszuklammern und zu verdrängen. Aber das kann nicht gelingen. Der Tod dringt ja immer wieder in das Leben hinein – vor allem dann, wenn es die Menschen meines eigenen Umfelds trifft oder wenn der Tod mich sogar persönlich bedroht. Ob ich will oder nicht: Ich komme um eine Auseinandersetzung nicht herum. Schweigen und Verdrängen hilft nicht – im Gegenteil: es verstärkt nur die Angst. Aus meinen persönlichen Begegnungen mit Sterben und Tod sind darum die folgenden Texte entstanden.

| „Wir werden leben!"

Manchmal empfängt man Trost, wo man ihn gar nicht erwartet. Manchmal wird man selbst getröstet, obwohl man andere trösten will.

Mir erging es so, als ich meine alte Tante besuchte, die im Sterben lag. Offen gestanden, ich hatte Angst vor dem wohl letzten Besuch bei ihr. Der Krebs war weit fortgeschritten, Aussicht auf Heilung gab es nicht mehr. Sie wusste es, genauso wie ich. Was sollte ich ihr sagen? Welche Worte sollte ich wählen? Welche Gesten könnten angebracht sein? Vor wenigen Wochen hatten wir uns gesehen. Die Krankheit war damals noch nicht ausgebrochen. Sie hatte noch jede Menge Zukunftspläne, wollte mich unbedingt besuchen. Was sagt man, wenn Träume zerbrechen?

Ich erinnerte mich an ihre so oft ausgesprochenen großen Ängste vor Krankheit und Tod; ganz verzweifelt war sie oft gewesen, wenn Menschen aus ihrem Umfeld schwer erkrankten oder gar sterben mussten. Wie sollte ich ihrer möglichen eigenen Angst standhalten?

Als ich in ihr Zimmer kam, ließen mich alle anderen Besucher sofort mit ihr allein – wie das so ist, wenn der Neffe kommt, der zugleich Priester ist. Auch das noch, dachte ich. Ganz allein mit ihr und mit meiner eigenen Ohnmacht – keine Chance, in Gespräche mit anderen zu flüchten.

Aber dann geschah etwas, was ich nie vergessen werde. Ich brauchte gar nicht nach großen Worten zu suchen und schon gar nichts „Frommes" zu formulieren. Das entscheidende Wort sagte nicht ich, sondern sie. Sie, die alte, sterbende Frau, zog mich nach einer ganzen Weile an sich heran und flüsterte mir zu: „Wir fallen – aber wir fallen in Gottes Arme!" Es folgte eine kleine Pause, und dann sagte sie weiter: „und wir werden leben!"

„Wir fallen in Gottes Arme – und wir werden leben!" Schweigend sahen wir uns an. Ich merkte, wie mir die Tränen kamen. Welch ein Satz aus dem Mund einer sterbenden Frau – noch dazu einer Frau, die in ihrem Leben oft genug mit Gott gehadert hatte, die von Ängsten und Zweifeln geplagt war! Und jetzt, im Angesicht des Todes, diese Wandlung, diese Zuversicht, dieses Vertrauen: „Wir fallen in Gottes Arme – und wir werden leben!"

Ich habe den Satz aus dieser Abschiedsstunde mit in mein Leben genommen, wie ein Abschiedsgeschenk. Denn im Grunde bin ich meiner Tante ja ganz ähnlich: Ich bin geprägt von Ängsten und Sorgen, wenn sich in meinem Leben die Probleme auftürmen; hadernd mit Gott und zweifelnd, ob er wirklich da ist und mein Leben trägt, begleitet und führt. Da ist ihr Abschiedssatz wie eine heilsame Lebensmedizin: „Wir fallen in Gottes Arme – und wir werden leben!"

Wenn alles im Leben unsicher zu werden droht und kein Halt zu spüren ist; wenn meine Wünsche und Pläne zu zerbrechen drohen – dann denke ich an diesen Satz und an meine alte Tante, der auch nicht alles leicht gefallen ist in ihrem Leben. Dann denke ich an ihre große Zuversicht in der Stunde ihres Abschieds und sage mir: Was auch immer geschieht und wie mein Leben auch verläuft, am Ende, ganz am Ende wird es in Gottes Augen gut ausgehen.

| „Werdet Vorübergehende!"

Ich hatte mich schwer getan, meinen Bekannten darauf anzusprechen: Krebs war die Diagnose vor einem Jahr gewesen. Viele Monate war er außer Gefecht gesetzt: Chemotherapie, Bestrahlungen. Die Gerüchte um ihn verhießen nichts Gutes. Aber jetzt war er wieder da. Die Therapien hatten angeschlagen. Doch wirklich geheilt war er nicht, als wir uns wiedersahen. Der Tumor schlummerte nur, wie lange, das wusste damals niemand.

Das ist kein schönes Thema, aber ich traue mich, davon zu erzählen. Denn das Gespräch mit meinem damals todkranken Bekannten war keineswegs bedrückend. Er redete offen: „Meine Prognose ist miserabel. Ich weiß nicht, wie viel Zeit mir bleibt. Ich weiß nur, es kann jederzeit zu Ende gehen."

Beim Reden wurde mir klar: Im Grunde ist das nichts Besonderes. Es gilt für jeden Menschen. Niemand weiß, wie viel Zeit ihm bleibt. Und jeder weiß auch, dass es morgen schon zu Ende sein kann. Nur: Die meisten von uns verdrängen das - ich auch.

Mein Bekannter konnte das nicht mehr verdrängen. Es hatte sein Leben verändert – und nicht nur zum Schlechten. „Natürlich hadere ich oft mit meinem Schicksal", gab er zu, „aber mein Leben ist viel intensiver geworden." Freundschaften vertieften sich. Mit seiner Familie machte er Dinge, die er früher immer aufgeschoben hatte. Sein Beruf stand nicht mehr an erster Stelle: „Ich lasse mich nicht mehr hetzen und ich sitze nicht mehr bis in die Nacht am Schreibtisch!"

Mich machten seine Worte nachdenklich. Ich verschwende viel Zeit für Dinge, die gar nicht wichtig sind: Fernsehen und Internet zum Beispiel. Und die Dinge, die mir wichtig sind, fallen schnell unter den Tisch. Einfach mal die Stille genießen, meine besten Freunde sehen, die Natur intensiv erfahren, wie oft denke ich: Dafür habe ich keine Zeit, später vielleicht. Mich jagt das Hamsterrad der beruflichen Pflichten, ich habe Druck und mache Druck.

Im „Thomasevangelium"[37], einer der Schriften über Jesus, die nicht in die Bibel aufgenommen wurden, habe ich einen Satz gefunden, den Jesus gesagt haben soll. Er bewegt mich seit einer Weile: „Werdet Vorübergehende!" Das passt zu Jesus: „Werdet Vorübergehende!" Seid euch darüber im Klaren, dass ihr auf Erden nichts festhalten könnt. Bleibt bewegliche Menschen, die wissen, dass nichts von Dauer ist. Haltet nichts fest, sucht keine falschen Sicherheiten. Denn ihr seid nur „Vorübergehende" – die Erde ist nicht euer Zuhause.

Ein paar Wochen nach unserem Gespräch ist mein Bekannter plötzlich gestorben. Er ist vorüber gegangen, so wie wir alle Vorübergehende sind. Das zu wissen, lässt mich das Leben mit anderen Augen sehen.

| Die Nacht führt ins Licht

Ärgerlich, wenn Geschichten im Film oder in der Literatur tragisch enden. Da begleite ich einen Helden auf seinen Irrungen und Wirrungen durchs Leben – und dann geht alles schief. Ich weiß, dass das Leben selten fair und gerecht ist, aber kann es nicht wenigstens in den erfundenen Geschichten gut ausgehen?

Ein Roman mit einem tragischen Ende ist mir vor einiger Zeit nachgegangen. Und zwar deshalb, weil der Autor allen Ernstes der Meinung ist, mit ihm sein einziges Werk geschrieben zu haben, von dem man mit Sicherheit sagen könne, es habe ein gutes Ende. „Jeder Mensch in seiner Nacht" heißt das Buch und wurde im Jahr 1960 von Julian Green geschrieben.[38]

Ein gutes Ende? Der Roman erzählt von einem jungen Mann, der völlig verzweifelt durchs Leben geht. Er müht sich um ein gutes Leben und schafft es doch nicht wirklich. Er scheitert immer wieder an seinen hohen Ansprüchen, kommt mit seinen Leidenschaften überhaupt nicht zurecht, die ihn in schwere Konflikte stürzen. Am Ende scheint er an Gott selbst zu verzweifeln und fällt einem tragischen Mord zum Opfer. Nein, gut geht wahrlich anders!

Aber dann bekommt das tragische Ende einen besonderen Akzent: Nach altem katholischen Brauch hat man einen Priester gerufen, der dem Sterbenden die letzte Ölung spendet – „Krankensalbung" heißt das heute. Und ohne einen Anflug von Kitsch beschreibt der Roman eine merkwürdige Wirkung dieses Rituals: Das Gesicht des Sterbenden wandelt sich. „Nie zuvor", so sagt einer, der dabei ist, „habe ich auf dem Antlitz eines Menschenwesens einen Ausdruck des Glücks gesehen, der vergleichbar gewesen wäre".

So endet der Roman. Zwölf Jahre später erläuterte Julien Green in einem Nachwort, warum dies der einzige seiner Romane ist, der „mit Sicherheit" ein gutes Ende habe: „Dass die Nacht des Pilgers in das Licht führt, das weder Ende noch Grenzen kennt, das ist, davon bin ich überzeugt, ein wirklicher Grund zur Freude!"

Ich gebe zu, so schön hat das für mich selten jemand in Worte fassen können: Nach dem Tod wartet ein neues, unendlich schönes Leben auf uns Menschen – und es ist großartig, daran glauben zu können.

Interessant, dass mich ein Schriftsteller mit solch einem Satz zum Ende eines Romans so berühren kann und an etwas erinnert, was der Kern meiner eigenen Religion ist. Vielleicht ist uns das im Christentum verloren gegangen. Uns sitzt der Vorwurf im Nacken, auf eine pure Vertröstung zu bauen. Anstatt das Leben auf dieser Erde zu verbessern, reden wir vom himmlischen Leben in ferner Zukunft. Der Vorwurf ist berechtigt: Wir sollten auch nicht zu viel vom Himmel schwärmen, solange wir hier auf der Erde leben. Aber gar nicht davon zu reden, ist auch ein Verlust.

Nein, seit ich den 50. Geburtstag überschritten habe und weiß, dass ich die längste Zeit meines Lebens auf dieser Erde hinter mir habe, denke ich schon mal an den Tod. Besonders heftig wird es, wenn Bekannte sterben, die altersmäßig gar nicht so weit von mir entfernt sind. Da überkommt mich eine Mischung aus purer Angst vor dem Ende – und zugleich eine merkwürdige Rührung, wenn ich an die alte Hoffnung denke, die mir mein Glaube überliefert. Was wäre das schön, wenn das unweigerliche Ende auf dieser Erde doch nicht das wirkliche Ende wäre.

Julien Green war übrigens kein Kirchenmann, sondern ein zeitlebens zweifelnder und suchender Mensch. Und genau das macht ihn mir so sympathisch, dass gerade er davon schrieb, was es bedeutet, wenn „die Nacht des Pilgers in das Licht führt".

1 Freud, Sigmund:
Das Unbehagen in der Kultur.
10. Aufl. Frankfurt/M. 2007, 42f.

2 Vgl. Bonhoeffer, Dietrich: Ethik.
Gütersloh 1992, 223ff.

3 Spiegel-Online vom 15.1.2015.

4 Günther, Markus: Kirche in der
Krise. Diaspora Deutschland.
FAZ v. 29.12.2004.

5 Hebr 11,1.

6 Vgl. Dietrich Bonhoeffer Werke 11.
Gütersloh 1994, 33.

7 Joh 20,17.

8 Lk 24,39ff.

9 Spiegel-Gespräch mit
Martin Mosebach: „Dieser Papst
macht Stimmung." Spiegel Nr. 22,
23.5.2015.

10 Gal 5,1.

11 Gal 5,6.

12 Joh 15,15.

13 Zitiert nach: Pröpper, Thomas:
Theologische Anthropologie.
Erster Teilband. 2. Aufl.
Freiburg 2012, 655f.

14 „Qualitätskontrolle oder weshalb ich
die Räuspertaste nicht drücken werde."
Hörspiel von Helgard Haug und
Daniel Wetzel. WDR 2014.

15 Ruff, Wilfried; von der Stein,
Bertram: „Exorzismus – Befreiung
vom Bösen?" Eine theologisch-psycho-
analytische Anfrage. In: MThZ 61
(2010), 177–189.

16 Mk 9,38.

17 Lk 9,54f.

18 Ausführliche Informationen zum
Zukunftsbild finden sich unter:
http://zukunftsbild.bistum-essen.de

19 DBW 11, 332.

20 Vgl. Mt 5,45.

21 Zenetti, Lothar: Texte der Zuversicht.
München 1972, 84.

22 Mt 4,17–22.

23 Joh 11,1–44.

24 Mt 4,29–38.

25 Joh 18,10ff.

26 Bonhoeffer, Dietrich: Widerstand
und Ergebung. Gütersloh 1998, 333f.

27 Lk 7,36–50.

28 Lk 9,3.

29 Lk 15,11–32.

30 Augustinus von Hippo:
Orig. lat. „dilige et quod via fac",
In epistulam Ioannis ad parthos.

31 Jes 25,6.

32 Mt 11,19.

33 de Saint-Exupéry, Antoine:
Die Stadt in der Wüste.
Neuausgabe Düsseldorf 2009.

34 Lk 6,37f.

35 Lk 6,38.

36 Mk 1,13f.

37 Ceming, Katharina; Werlitz,
Jürgen: Die verbotenen Evangelien.
Apokryphe Schriften. 4. Aufl.
München 2011. Der folgende Vers
findet sich unter der Nr. 42 des
Thomasevangeliums, S. 135.

38 Green, Julien: Jeder Mensch in seiner
Nacht. München 1992.

| Klaus Pfeffer

Foto: Achim Pohl

1963 in Werdohl geboren, aufgewachsen in Neuenrade (Sauerland).

Nach dem Abitur war er zunächst Volontär und Redakteur bei einer Werdohler Tageszeitung, bevor er in Bochum und Innsbruck Theologie studierte. 1992 empfing er die Priesterweihe und war danach fast zwanzig Jahre überwiegend in der Jugendpastoral des Bistums Essen tätig. Im Jahre 2010 wechselte er zunächst in das Personaldezernat des Bistums und übernahm im Jahr 2012 das Amt des Generalvikars. Seit 1995 ist er auch in der kirchlichen Rundfunkarbeit engagiert und bei „Kirche im WDR" regelmäßig zu hören.

| Thomas Plaßmann

Foto: Heike Herbertz

Geboren 1960 in Essen.

Nach Abitur, Studium Geschichte/Germanistik und handwerklicher Ausbildung, seit Mitte der achtziger Jahre freiberuflicher Cartoonist, Karikaturist und Illustrator. Tagespolitischer Karikaturist zahlreicher Tageszeitungen. Regelmäßige Zusammenarbeit mit Fachzeitschriften, kirchlichen Medien, Agenturen, Unternehmen und Buchverlagen. Seit 1993 zahlreiche Auszeichnungen, zuletzt (2015) 3. Preis „Rückblende" des Bundesverbandes der Deutschen Zeitungsverleger.